„Viel Spass beim Angeln“

HANS EIBER

Das Praxisbuch für junge Angler

Techniken & Tipps für Kinder und Jugendliche

blv

WAS DU IN DIESEM BUCH FINDEST

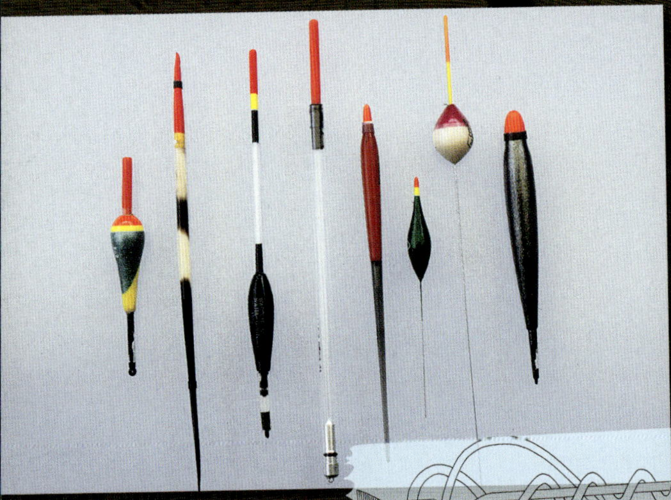

ANGELN IST TOLL – UND NATUR PUR

Die Kunst mit einer Schnur und einem Köder an einem kleinen Haken Fische zu fangen ist eine wunderbare, spannende, aber auch entspannende Freizeitbeschäftigung. Rund um die Erde sind Millionen von Menschen diesem Hobby leidenschaftlich verfallen und verbringen viele schöne und aufregende Stunden am Wasser. Dieses Buch soll dir den Einstieg erleichtern und helfen, Schritt für Schritt ein guter und erfolgreicher Angler zu werden.

VORWORT

Ich möchte dir gratulieren. Du interessierst dich für das Angeln, und damit für etwas, das deinem Leben möglicherweise von Grund auf eine entscheidende Richtung geben wird. Du willst raus in die Natur und dich nicht nur zu Hause hinter einem Computer oder einer Spielkonsole verstecken. Der Reiz einen echten Fisch an der Angel zu spüren, schlägt das Gefühl, einen leblosen Joy-Stick aus Kunststoff in der Hand zu halten, ohnehin um Längen. Beim Angeln wirst du aber nicht nur Fische fangen, sondern auch sehr viel über die Abläufe in der Natur lernen. Am Wasser begegnen dir eine ganze Reihe von unterschiedlichen Tieren und Pflanzen, die du vielleicht vorher noch nie gesehen hast. Du wirst spüren wie die Sommerhitze auf deiner bloßen Haut brennt und fasziniert beobachten wie spät am Abend eine glutrote Sonne hinter dem Horizont versinkt. An anderen Tagen wird dich kühles Regenwetter zum frösteln bringen und du wirst Schutz vor Wind, Sturm und dunklen Wolken suchen. Aber auch wenn du mitunter die Kälte in den Fingerspitzen spürst oder es feucht in deinen Kragen tropft, ich verspreche dir, ab dem Moment, wenn deine Pose zu zittern beginnt oder die Spitze deiner Angelrute

Auch im Winter ist Angeln möglich. Die Fische beißen zwar nicht so zuverlässig wie in der warmen Jahreszeit, aber Raubfische, wie z. B. Hecht und Barsch sind auch jetzt auf der Jagd. Du brauchst nur warme Kleidung und schon bist du mitten drin im Abenteuer.

sich durchbiegt, wird die Welt um dich herum versinken. Ab diesem Augenblick zählt nur mehr der Fisch, der an deinem Haken hängt. Beim Angeln wirst du jede Menge Spaß haben und viele spannende Abenteuer erleben. Du wirst interessante und aufschlussreiche Begegnungen mit anderen Anglern haben und unter ihnen viele neue Freunde finden. An so manchen Angelausflug wirst du dich in dreißig Jahren noch erinnern. Wenn du das Abenteuer liebst, wirst du auch das Angeln mögen, egal ob du den silbernen Rotaugen, den grimmig aussehenden stacheligen Barschen, dem schlanken pfeilschnellen Hecht oder der flinken rotgepunkteten Forelle nachstellst. Der Fangerfolg ist nicht immer garantiert und das ist sehr gut so. Sonst würde das Angeln viel von seinem Reiz und seiner Spannung verlieren. Du wirst sicher mitunter ohne Fische nach Hause kommen, aber immer mit dem Gefühl: Das war trotzdem wieder ein toller Tag!

Jeder kann das Angeln soweit erlernen, dass er den einen oder anderen Fisch fängt.

In der Gruppe macht das Angeln doppelt Spaß. Auch weil man sich gegenseitig helfen kann, wenn ein Fisch am Haken hängt. Wenn hier plötzlich ein Fisch beißt, müssen die anderen als erstes ihre Leine einholen, damit es keine Verwicklungen gibt.

Angelteiche gibt es in einigen Bundesländern. Sie sind gut geeignet, um das Fische fangen erst einmal auszuprobieren. Wer Feuer gefangen hat, den wird es aber bald an ein »richtiges« Gewässer, an einen Bach, Fluss oder See ziehen.

Als Mitglied der Jugendgruppe eines Angelvereins lernst du sehr schnell die richtigen Tricks und Kniffe, mit denen du auch die dicken Fische überlisten wirst.

Aber, es wird immer einige Angler geben, die einfach immer mehr und meistens auch größere Fische fangen. Woran liegt das? Ich glaube, diese Angler haben ein besonderes Verständnis für die Natur und ihre Gesetze, ihr Abläufe und Zusammenhänge. Ja, irgendwie scheint es mir, erfolgreiche Angler können sich geradezu in die Fische hineindenken. Sie schauen sich einen Fluss oder einen See genau an und erkennen dann sehr rasch, an welchen Stellen sie nach welchen Fischen suchen müssen. Und sie finden schnell den passenden Köder, mit dem der Fisch überlistet werden kann. Diese Fähigkeiten kann man sich aneignen.

Es ist ein großer Vorteil, wenn man am Anfang jemanden an seiner Seite hat, der über solche Fähigkeiten und Kenntnisse verfügt. Möglicherweise angelt dein Vater oder Großvater, vielleicht hast du auch einen guten Bekannten, der sein Wissen gerne weitergibt und dich in seine »Geheimnisse« einweiht. Schau' allen genau zu was sie tun, du kannst viel von ihnen lernen. Auch dieses Buch soll dich beim Sammeln von Grundwissen unterstützen, damit du die Fische erfolgreich an den Haken locken und danach sicher in deinen Kescher führen kannst. Neben den Kenntnissen über den richtigen Angelplatz und geeigneten Ködern ist es besonders wichtig, dass du dein Gerät sorgfältig organisierst und zusammenstellst. Nichts ist schlimmer, als wenn du einen schweren Fisch am Haken hast und plötzlich die Schnur schlaff werden würde, weil du einen Knoten falsch geknüpft hast. Besonders wichtig ist auch der korrekte Zusammenbau der verschiedenen Ködermontagen. Nur dann macht sich der Anbiss eines Fisches auch so bemerkbar, dass du darauf reagieren kannst. In diesem Buch helfen dir genau gezeichnete Montageanleitungen bei der Lösung dieses Problems.

In unserem Land stehen dem Angler wunderbare Bäche, Flüsse und Seen zu Verfügung, mit über siebzig verschiedenen Fischarten. Du wirst aber sicher verstehen, dass wir uns in diesem Buch aus Platzgründen nur mit einigen von ihnen befassen und näher auf ihren Fang eingehen können. Mit diesen Fischen wirst du aber an vielen Gewässern vermutlich sehr rasch in Berührung kommen. Dazu gehören die wichtigsten Friedfische, z. B. verschiedene Weißfische, die scheue Schleie und der grosswüchsige Karpfen. Vielleicht musst du dich ja schon bald mit deiner Angelrute gegen einen davonstürmenden Spiegel- oder Schuppenkarpfen stemmen. Auch dem räuberischen Barsch, Hecht, Zander oder der flinken Forelle werden wir auf die Schuppen rücken. Aber selbst, wenn du gezielt auf eine dieser Fischarten angelst, musst du darauf gefasst sein, dass dein Angebot auch jederzeit einem anderen Fisch gut gefallen kann.

Das ist ja das Spannende am Angeln, man weiß nie so genau, welche Beute man letztlich wirklich am Haken haben wird.

Tipp!

Lege dir zu Anfang eine Ausrüstung zu, die deinen Interessen und Möglichkeiten entspricht. Wenn du an einem See oder Fluss vor allem auf Weißfische, Schleien und kleine Karpfen angeln wirst, hat es keinen Sinn zuerst eine Spinnrute für Raubfische zu kaufen. In diesem Fall ist die beste Wahl eine leichte, nicht zu kurze Rute zum Posenangeln.

ACHTUNG: GESETZE!

Zuletzt darfst du nicht vergessen, dass die Ausübung des Angelns bei uns an bestimmte Gesetze und Rechtsvorschriften gebunden ist. Normalerweise reicht bis zu einer bestimmten Altersgrenze der staatliche Jugendfischereischein, der dir auf der zuständigen Behörde, oft ist das die Stadt- oder die Gemeindeverwaltung, für wenig Geld ausgestellt wird und der einige Jahre gilt. In der Regel darfst du dann in Begleitung eines erwachsenen Anglers, ans Wasser und deinen Köder auswerfen. Am besten wäre es, wenn du gleich Mitglied eines Anglervereins werden könntest. Dort gibt es in aller Regel eine Jugendgruppe, die viele gemeinsame Aktionen unternimmt. Hier zeigt man dir auch den Weg zum Ablegen der staatlichen Fischerprüfung. Ihr Bestehen ist die Voraussetzung, dass du, dann ab einem bestimmten Alter, ohne Begleitung angeln darfst.

Ich wünsche dir jedenfalls viel Spaß beim Lesen dieses Buches, beim Nachbau der vorgestellten Montagen und Ausprobieren der beschriebenen Methoden. Ich selbst habe im Alter von 12 Jahren zum ersten Mal eine Angelrute in die Hand genommen und wenn ich heute, über vierzig Jahre später, meinen Köder auswerfe, spüre ich immer noch die gleiche Begeisterung wie damals.

Viel Petri Heil und Freude beim Angeln.

Hans Eiber

JOY
erima
SV Raige

WAS DU ZUM ANGELN BRAUCHST

Hast du auch schon eine dieser Geschichten gehört, in der angeblich jemand mit einer krummen Haselnussgerte, einer Paketschnur und einem umgebogenen Nagel einen riesengroßen Fisch gefangen hat? Naja, da lässt der Wahrheitsgehalt schon oft sehr zu wünschen übrig. Tatsache ist, dass du für eine erfolgreiche Fischwaid vernünftiges, funktionsfähiges Gerät benötigst. Auf den folgenden Seiten findest du alles über die notwendige Ausrüstung.

DAS ANGELGERÄT

Um Fische zu fangen, brauchst du eine Angelausrüstung. Zuerst werden wir über die wichtigsten Bestandteile sprechen. Über weiteres Zubehör und zusätzliche Kleinteile unterhalten wir uns in den einzelnen Kapiteln. Die wichtigsten Bestandteile einer Angelausrüstung sind der **Haken**, die **Schnur**, die **Rute** und in der Regel immer eine **Rolle**, auf der die Schnur aufgespult ist. Alles zusammen muss sorgfältig aufeinander abgestimmt werden.

Eines gleich vorweg: Greife keinesfalls zu einer so genannten »Grundausrüstung«, die in einer großen, durchsichtigen Plastikverpackung, manchmal sogar im Supermarkt, angeboten wird. Sie enthält angeblich alles, was du zum Angeln brauchst. Vergiss sie! Sie ist zwar auf den ersten Blick billig, aber taugt dafür auch nichts. Es macht auch keinen Spaß damit zu angeln. Wende dich an ein gutes Fachgeschäft, dort wird man dich ordentlich beraten, denn der Inhaber ist interessiert, dich als zukünftigen Kunden zu gewinnen. Er wird dir eine solide, preiswerte Ausrüstung aus verschiedenen Einzelgeräten zusammenstellen, die auf deine Bedürfnisse abgestellt ist. Schließlich ist es ein Unterschied, ob du in erster Linie auf Weißfische, Schleien und Karpfen in einem Waldsee angelst, in einem Gebirgsbach den Forellen nachstellst oder an einem großen Fluss auf Zander, Hechte oder Welse fischt. Das dafür verwendete Gerät unterscheidet sich deutlich voneinander.

Am besten ist es, wenn dich ein erfahrener Angler zum Einkauf begleitet, der weiß auf welche Fische und in welchem Gewässer du in nächster Zeit angeln wirst. Danach solltest du dein Gerät auslegen. Beginnen wir mit der Rute. Wenn du zum ersten Mal ein Angelgeschäft betrittst, wirst du überwältigt sein von dem riesigen Angebot. Schließlich stehen in den Regalen hunderte unterschiedlicher Angelruten. Welche davon ist für den Anfang für dich geeignet?

DIE ANGELRUTE

Eine Angelrute hat drei Hauptaufgaben. Sie hilft dir…

- … deinen Köder an der Stelle abzulegen, wo sich die Fische befinden oder wo du sie zumindest vermutest.
- … den Haken zu setzen. Durch Anheben der Rute bei einem Anbiss treibst du die feine Hakenspitze ins Fischmaul.
- … den Fisch müde zu machen. Durch ihre Biegsamkeit bremst die Rute einen flüchtenden Fisch und federt auch ruckartige Schläge ab.

Die Art der Biegefähigkeit der Rute nennt man »Aktion«. Diese kann »hart«, »mittel« oder »weich« sein. Eine harte Rute gibt unter Zug nur wenig nach,

Angelruten

Hier siehst du vier Gerätzusammenstellungen für unterschiedliche Einsatzzwecke:

1. Fliegenrute mit Fliegenrolle, Spinnrute mit Multirolle, Steckrute mit Stationärrolle
2. zum leichten Spinnangeln mit Kunstködern oder zum Grundangeln mit Naturködern,
3. Teleskop-Posenrute mit Stationärrolle
4. zum Angeln mit Naturködern.

Mit dem Gerät unter 3 oder 4 solltest du beginnen.

Auf dem Rutenschaft steht folgendes: Länge und Wurfgewicht der Rute in g. Bei einer schweren Karpfen- oder Bootsrute ist meist die so genannte Testkurve angegeben (hier 2,5 lbs). Was das ist, findest du auf Seite 19. Auf der Fliegenrute steht die empfohlene Fliegenschnur. Davon mehr im Kapitel über das Fliegenfischen.

Durch die Biegsamkeit der Rute kannst du die Schläge eines Fisches abpuffern, seine Fluchten abbremsen und ihn auf diese Weise schnell ermüden.

Knallharter Rutentest! So etwas sollte man aber nur mit starken Karpfen- oder Bootsruten durchführen.

eine weiche Rute biegt sich fast bis an den Handgriff zum Halbkreis. Alle Angelruten haben ihre Vor- und Nachteile. Man kann tagelang darüber diskutieren, welche Aktion für welche Angeltechnik die günstigste ist. Eines musst du aber immer beachten, auch wenn du schon von Riesenfischen träumst: Die erste Regel für die richtige Wahl einer Rute ist das Gewicht des Köders. Also das Gewicht, das sich mit dieser Rute gut auswerfen lässt. Das steht klein gedruckt auf dem Rutenblank über dem Handgriff. Das mögliche Gewicht der Fische, die du fangen möchtest, spielt dagegen keine so große Rolle.

Ich habe bereits angedeutet, dass es unmöglich ist, eine Rute zu finden, die für alle Angelarten tauglich ist. Aber egal wie du sie verwenden willst, deine Angelrute sollte grundsätzlich nicht zu hart oder zu steif sein. Sie soll ein sensibles Spitzenteil besitzen, damit du den Haken bei einem Anbiss sicher setzen und anschließend jede Bewegung des Fisches fühlen kannst. Im unteren Bereich muss sie dagegen genügend Kraft entwickeln. So kannst du auch einen schwereren Köder über weite Entfernungen auswerfen und kampfstarke Fische müde machen. Die Aktion »mittel« trifft diese Beschreibung am besten.

Ganz früher waren Angelruten aus Bambus, dann kam Fiberglas und heute werden sie fast ausschließlich mit einem großen Anteil Kohlefaser hergestellt. Kohlefaser ist leicht und sehr belastungsfähig. Was die Bauart 19 betrifft, wird zwischen Steckruten und Teleskopruten unterschieden. Teleskopruten lassen sich zusammenschieben und sind deswegen gut zu transportieren, z. B. wenn du mit einem Fahrrad unterwegs bist. Steckruten können zwei-, drei- oder vierteilig sein, das hängt von ihrer Länge ab, ihre Einzelteile müssen separat in einem Futteral transportiert werden. Sie haben in aller Regel immer eine bessere Aktion als Teleskopruten.

Welche Rute, in welcher Länge, mit welchem Ködergewicht, für dich geeignet ist, werden wir später bei den einzelnen Angelmethoden besprechen.

»Testkurve 2,5 lbs« bedeutet:
2,5 lbs ziehen die Rutenspitze senkrecht nach unten.

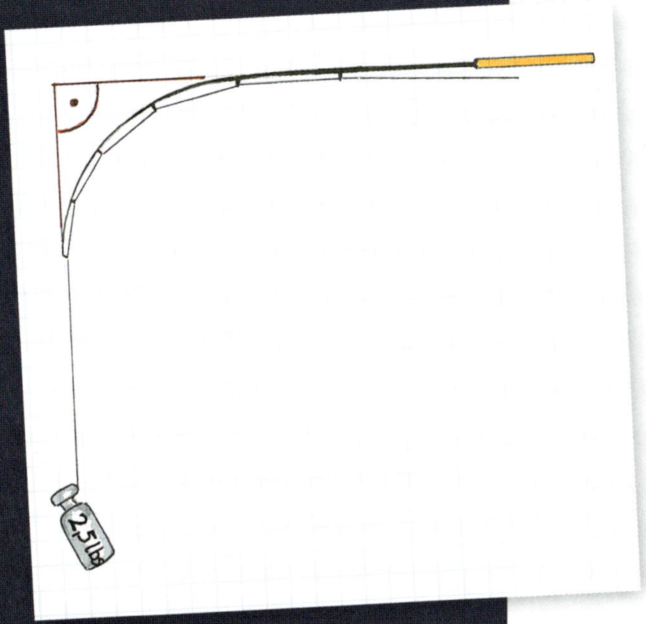

Die so genannte »Testkurve« ist das Gewicht, das bei waagrecht gehaltener Rute, die Spitze so nach unten zieht, dass sie genau zum Boden zeigt.

Bei der Rute auf Seite 17 (Abb. unten) wären das also 2,5 lbs (lbs = lateinische Abkürzung für das englische Pfund (453,6 g), man spricht »lbs« also einfach als »Pfund« aus). Um das optimale Wurfgewicht für diese Rute zu erhalten, musst du folgende Rechnung durchführen: 453,6 – 2,5 lbs = 1134 g : 16 = 70,8 g.

DIE ANGELROLLE

Im Angelgeschäft werden dir drei Rollentypen auffallen. Die Stationärrolle, die Multirolle und die Fliegenrolle. Gleich eins vorweg: Für dich ist eine Stationärrolle richtig. Die Multirolle ist etwas für Spezialisten. Vielleicht wirst du dir später einmal eine zulegen, aber jetzt wäre es der falsche Zeitpunkt.
Die Fliegenrolle kommt beim »Fliegenfischen« zum Einsatz, das ich dir später vorstellen werde. Wofür brauchen wir überhaupt eine Rolle?

- Wir können den Köder weit über Rutenlänge auswerfen, da die Schnur von der Rolle nachgefüttert wird.

- Auf der Rollenspule können viele Meter einer Schnur untergebracht werden. Ihre Tragkraft kann schwächer sein, als der Fisch, der möglicherweise an unserem Haken hängen wird. Mithilfe der Rollenbremse können wir ihn unter Kontrolle bringen, ohne dass die Schnur reißt.

Das Auswerfen des Köders kannst du gut auf einer größeren Wiese üben. Die Rute arbeitet aber nur mit dem Wurfgewicht gut, für das sie auch ausgelegt ist. Besorge dir im Angelfachhandel eine passende Wurfbombe aus Gummi, die auch im Castingsport bei Wurfwettbewerben zum Einsatz kommt oder benütze einen alten Kunstköder, von dem der Haken entfernt wurde. Ein schweres Blei, wie du es später für das Grundangeln benutzen wirst, wäre viel zu gefährlich. Es fliegt wie ein Gewehrgeschoss durch die Luft und kann nicht nur Sachen beschädigen, sondern auch Menschen gefährlich werden.

Das Auswerfen eines Köders mit der Stationärrolle ist einfach. Auf den Bildern (Seite 22) kannst du Schritt für Schritt sehen wie es gemacht wird.

Angelrollen

1. Moderne Stationärrolle mit Front- und Heckbremse sowie Freilaufhebel.
2. Multirolle zum Spinnfischen. Etwas für Spezialisten.
3. Einfache Fliegenrolle
4. Großkernfliegenrolle zum schnellen Schnureinholen.

Wurfgewicht aus Gummi.

Der richtige Griff

So bereitest du (als Rechtshänder) eine Stationärrolle für das Auswerfen des Köders vor (siehe Abbildung auf Seite 21 unten):

Greife mit der rechten Hand den Rutengriff, indem du den Rollenfuß zwischen Mittel- und Ringfinger nimmst. Der Daumen liegt oben auf der Rute.

Mit dem freien Zeigefinger fängst du die Schnur über der Spule ein, während die linke Hand den Schnurfanbügel aufklappt. Jetzt bist du bereit für den Wurf. Weiter geht's auf Seite 22.

So führst du einen Wurf aus

1. Halte die Schnur fest und hole mit der Rute gerade nach hinten über die Schulter aus. Lasse dein Wurfgewicht ruhig auspendeln.

2. Bewege die Rute senkrecht über den Kopf nach vorne. Beginne langsam und werde dabei immer schneller. Der Wurf muss senkrecht über den Kopf erfolgen, weil du nur so zielgenau werfen kannst.

3. Wenn die Rute schräg nach vorne und oben zeigt, stoppst du deine Bewegung und streckst den Zeigefinger. Damit gibst du die Schnur frei und deine Ködermontage (Wurfgewicht) fliegt in Richtung Ziel.

HAKEN, ANGELSCHNUR, VORFACH

Diese drei Bestandteile der Ausrüstung sorgen für eine sichere Verbindung zum Fisch.

DIE HAKEN

Auf den richtigen Haken kommt es ganz besonders an, denn er stellt den unmittelbaren Kontakt zum Fisch her. Wenn er im Fischmaul keinen sicheren Halt findet, waren alle vorhergegangenen Bemühungen umsonst. Seine Qualität muss tadellos sein. Er darf sich auch unter starkem Zug nicht aufbiegen, geschweige denn brechen. Das kannst du überprüfen, indem du den Haken auf ein Stück Holz steckst und dann am Hakenschenkel ziehst. Der Haken darf sich zwar federnd etwas öffnen, aber wenn der Zug nachlässt, muss der Hakenbogen seine ursprüngliche Form wieder annehmen.

Es gibt **Einzelhaken, Zwillingshaken** und **Drillinge.** Drillinge werden vor allem zum Raubfischangeln verwendet. Ich bin der Meinung sie sind überflüssig, denn Fische werden dadurch nur unnötig verletzt. Wenn du einen kleineren Fisch fängst, der das Mindestmaß noch nicht erreicht hat, willst du ihn möglichst unverletzt und vor allem rasch zurück-

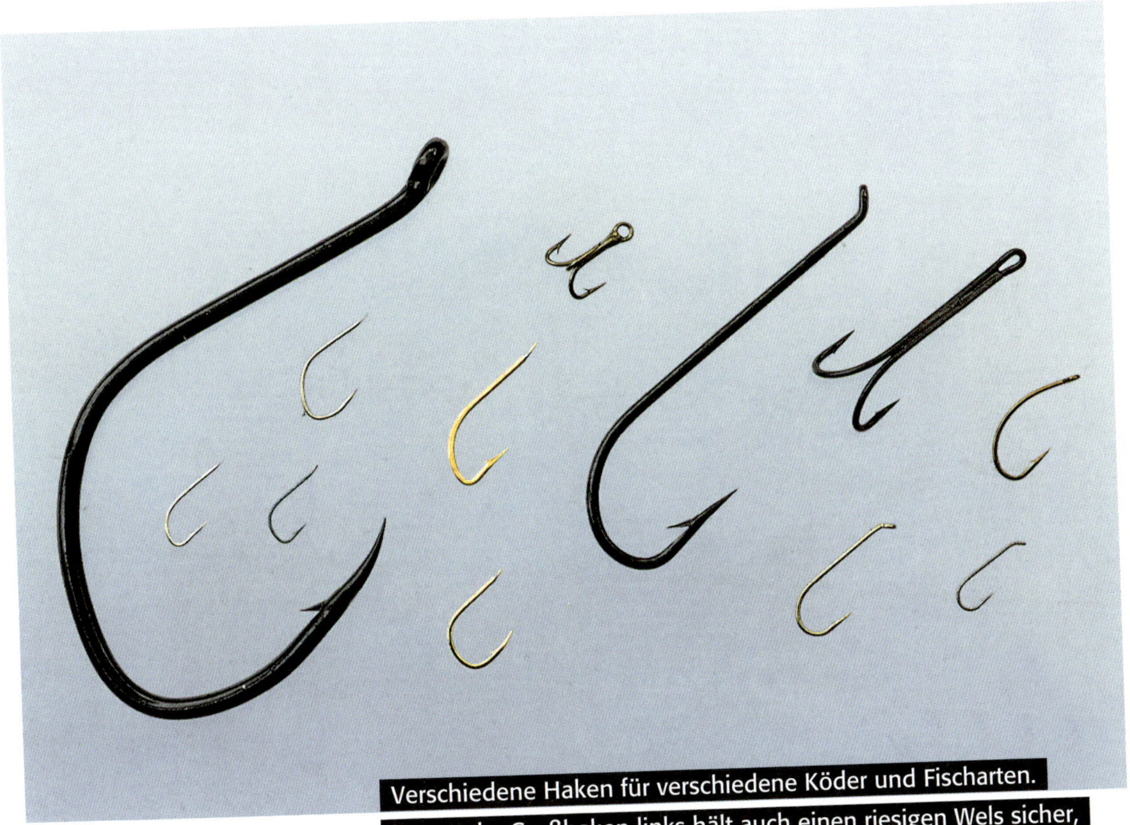

Verschiedene Haken für verschiedene Köder und Fischarten. Der starke Großhaken links hält auch einen riesigen Wels sicher, und auf den winzigen Haken ganz rechts werden kleine Fliegen zum Forellenfischen gebunden.

Das Vorfach an einen Plättchenhaken zu binden ist gar nicht so einfach.
Zum Glück gibt es vorgebundene Haken im Handel.

Mit der Nagelprobe kannst du feststellen, ob dein Haken spitz genug ist.
Wenn er auf dem Fingernagel abgleitet, musst du ihn schärfen oder austauschen.

setzen. Ein Einzelhaken lässt sich viel einfacher und schneller lösen als ein Drilling. Auf Seite 83 erzähle ich ein bisschen mehr darüber. Dass man mit Einzelhaken weniger fängt ist jedenfalls ein Märchen.

Hakenarten

»Plättchenhaken« finden Verwendung beim Friedfischangeln und sind immer Einzelhaken. Mit dem »Plättchen« ist die verbreiterte Stelle am oberen Ende des Hakens gemeint, die das Abrutschen des Schnurknotens verhindert. Den kann man grundsätzlich zwar selber knüpfen, es ist aber ein bisschen kompliziert. Deswegen gibt es diese Haken im Handel bereits vorbereitet an einem Stück Angelschnur, dem so genannten »Vorfach«. »Öhrhaken« können Einzelhaken, Zwillinge oder Drillinge sein und weisen statt dem Plättchen einen kleinen Ring auf, an dem die Angelschnur angebunden wird. Bei Einzelhaken kann die Spitze auch etwas geschränkt sein, d. h. sie ist seitlich etwas abgebogen. Der Vorteil: Kleine Haken lassen sich besser beködern und sitzen sicherer im Fischmaul.

Größenbezeichnungen

Die verschiedenen Hakengrößen werden in einer Tabelle geführt. Sie wurde in England erfunden und heißt nach ihrem Erfinder »Redditch-Skala«. Sie ist international anerkannt und Das Angelgerät damit auch bei uns gültig. Aber aufpassen: Je größer die Zahl desto kleiner ist der Haken. Ein 10er Haken ist also kleiner als zum Beispiel ein Haken mit der Nummer 5. Die Nummerierung reicht von 1 bis 30. Größere Haken als 1 werden durch eine 0 vor der Zahl bezeichnet. Ein 2/0er ist wiederum größer als ein 1/0er. Die Größen beziehen sich aber nur auf den Hakenbogen. Der Hakenschenkel kann bei gleicher Hakengröße unterschiedlich lang sein.

Schärfe

Achte darauf, dass deine Hakenspitze immer scharf ist, damit sie schnell ins Fischmaul eindringt. Beim Angeln wird der Haken aber oft stumpf, weil er über Steine schleift oder sonst irgendwo am Grund hängen bleibt. Überprüfe also von Zeit zu Zeit, ob er noch in Ordnung ist. Das machst du, indem du ihn mit der Spitze in Längsrichtung leicht über den Daumennagel führst. Bleibst du hängen, ist er spitz genug. Rutscht die Spitze ab, musst du nachschärfen. Es gibt dafür spezielle Hakenschärfer im Fachhandel. Es geht aber auch mit einer Diamant-Nagelfeile oder etwas Sandpapier mit feiner 400er Körnung recht gut. Führe die Hakenspitze flach aufliegend darüber. Zuerst die zwei Seiten, dann noch die Unterseite, damit die Spitze von drei Seiten beschliffen wird. Wenn danach die Nagelprobe klappt, kannst du den Haken wieder einsetzen. Wenn nicht, wechsle ihn aus.

Tipp!

Lege niemals nasse Haken in eine geschlossene Dose oder Plastiktüte, sie würden dort gnadenlos zu rosten beginnen. Das passiert sehr schnell von einem Tag auf den anderen. Alle Haken, ob lose oder an Kunstködern, müssen vor dem Verstauen im Gerätekasten absolut trocken sein, sonst werden sie schnell unbrauchbar. Und neue Haken kosten Geld.

Mit oder ohne Widerhaken?

Der Widerhaken vor der Spitze wurde irgendwann erfunden, damit der Haken nicht aus dem Fischmaul herausfallen kann. Es geht aber auch ohne Widerhaken. Das hat große Vorteile:

- Untermaßige Fische werden weniger verletzt und können leicht vom Haken gelöst und wieder zurückgesetzt werden.
- Sollte die Schnur reißen, fällt der Haken dem Fisch bald aus dem Maul heraus und er hat gute Chancen zu überleben.
- Es dient der eigenen Sicherheit. Sollte man sich eine Hakenspitze in die eigene Haut treiben, lässt sich ein Haken ohne Widerhaken problemlos entfernen. Ansonsten wird es eine schmerzhafte Angelegenheit.

Der Widerhaken lässt sich mit einer Flachzange vorsichtig andrücken. Der zurückbleibende kleine »Buckel« ist völlig ausreichend, um während des Drills das Herausfallen des Hakens aus dem Fischmaul zu verhindern.
Im Handel sind auch widerhakenlose »Schonhaken« erhältlich. In einigen Gewässern ist es sogar verboten, mit Widerhaken zu angeln.
Auf der rechten Seite zeigt die Abbildung unten links wie man mit einer Flachzange den Widerhaken andrücken kann.

Neue Monofilschnüre machen sich gerne selbstständig und springen unkontrolliert von der Spule. Ein gutes Gegenmittel ist die Spule abzunehmen und für ein oder zwei Stunden in einen Behälter mit lauwarmem Wasser zu stellen.

DIE ANGELSCHNUR

Die direkte Verbindung zwischen Haken und Angler ist die Angelschnur. Heute haben wir im Gegensatz zu früher wahre Hi-Tech-Schnüre zur Verfügung. Man muss sich nur vorstellen, dass vor hundert Jahren die Angelschnüre noch aus Seide oder sogar Katzendärmen hergestellt wurden. Trotzdem wurden große Fische damit gefangen.

Welche Schnurart?

Heute verwendet man Kunststoffschnüre, die im Verhältnis zu ihrem winzigen Durchmesser geradezu phänomenale Tragkraft besitzen. Es gibt zwei grundsätzliche Unterschiede:

Die Auswahl an Schnüren in den Fachgeschäften ist heute fast unübersehbar. Ich rate dir zu einer monofilen Leine. Die Tragkraft muss zu deinem Gerät passen.

Mit einer Flachzange kann der Widerhaken angedrückt werden.

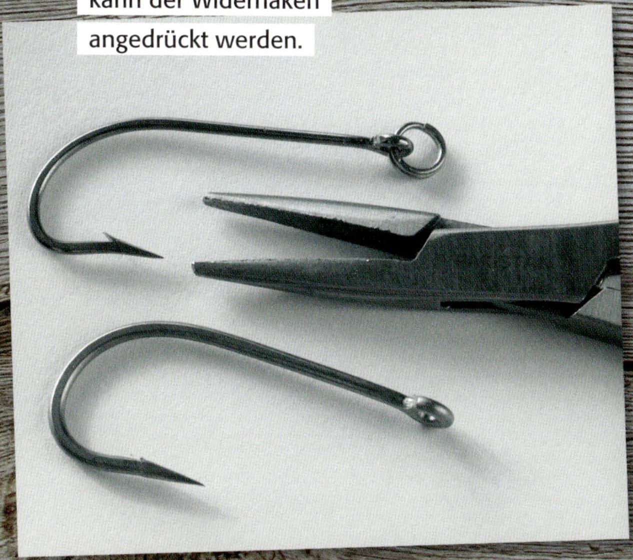

Die Spule links enthält eine geflochtene Leine, die Spule rechts eine Monofilschnur.

Wenn sich eine Schnur lange auf einer Rolle befindet und nicht benutzt wird, kann sie beim nächsten Einsatz stark kringeln. Man sollte sie dann etwas strecken. Vielleicht ist sie auch schon sehr alt. Dann ist es besser, sie gegen eine neue Leine auszutauschen.

Ein großer Fisch kann im Wasser durch kraftvolle Schwimmbewegungen sein Gewicht vergrößern. Auch wenn er in starke Strömung gerät und sich von ihr tragen lässt, kann dies die Tragkraft der Leine und der Knoten überfordern.

Die so genannte **Monofil-Schnur,** die aus einem einzelnen, mehr oder weniger transparentem, Nylonfaden besteht.
Die so genannten **Polyfil-Schnüre,** die aus vielen ganz dünnen Fäden gedreht und geflochten sowie undurchsichtig sind.
Diese mehrfädigen Schnüre besitzen eine viel höhere Reißfestigkeit gegenüber den einfachen Monofil-Schnüren (das kannst du in der nebenstehenden Tabelle vergleichen). Jetzt sagst du natürlich: »Prima, dann kommt natürlich nur diese Schnur in Frage, denn mit ihr kann mir kein Fisch mehr entkommen.« Jetzt musst du vorsichtig sein. Denn gegenüber den einfachen Schnüren sind geflochtene Schnüre viel empfindlicher angesichts von Beschädigungen, z. B. wenn die Schnur über Steine reibt. Der größte Nachteil besteht allerdings darin, dass sich diese Leinenart kaum dehnt. Eine monofile Nylonschnur gibt dagegen auf 10 Meter um etwa einen Meter nach, vorausgesetzt der Zug ist stark genug. Das hilft die Schläge eines großen Fisches abzupuffern. An einer starren, geflochtenen Leine kann er sich leichter frei schlagen. Polyfil-Schnüre sind deshalb eher etwas für Spezialisten, die sehr lange Leinen auslegen. Z. B. im Meer, wenn man in mehreren hundert Meter Tiefe angelt und den besseren Kontakt zum Fisch haben möchte. Für dich ist die einfädige Monofilschnur, also eine Nylonschnur, das Richtige. Auch ich verwende geflochtene Schnüre nur in ganz wenigen Ausnahmefällen.

Die richtige Pflege

Auch mit einer Monofil-Schnur musst du sorgfältig umgehen. Das fängt schon bei der Lagerung an. Am besten hebst du zwischen deinen Angelausflügen die Rolle mit der Schnur in einem kühlen Keller auf. Monofile Schnüre sind vor allem gegen längere Sonneneinstrahlung empfindlich. Die kannst du zwar beim Angeln nicht verhindern, aber das ist ein relativ kurzer Einsatz. Lege deine Angelrute mit der Rolle nie auf die Heckablage in einem Auto. Hier wirken Sonne und Wärme auf extreme Weise.

Während des Angelns werden die ersten drei Meter der Leine hinter dem Köder am meisten beansprucht. Du musst diesen Abschnitt regelmäßig auf Beschädigungen kontrollieren. Dazu ziehst du die Schnur durch Daumen und Zeigefinger, dann

DIE DURCHSCHNITTLICHE TRAGKRAFT VON ANGELSCHNÜREN

SCHNUR DURCHMESSER	MONOFIL	POLYFIL
0,16 mm	2,4 kg	12,5 kg
0,20 mm	3,8 kg	16,0 kg
0,25 mm	5,3 kg	19,5 kg
0,30 mm	7,7 kg	25,0 kg
0,35 mm	10,4 kg	31,0 kg
0,40 mm	13,0 kg	
0,50 mm	20,0 kg	

Achtung!

Du musst auf eines achten: Alle Angaben zur Reißfestigkeit bzw. Tragkraft beziehen sich auf eine unbeschädigte Schnur ohne Knoten. Beim Angeln sind aber immer Verbindungsknoten vorhanden. Je nach Knotentyp wird in der Regel die angegebene Tragkraft herabgesetzt. Für geflochtene Schnüre musst du beim Knotenbinden möglicherweise die Leine doppelt nehmen.

spürst du ob raue Stellen vorliegen. Nicht selten bleibst du am Grund eines Gewässers irgendwo hängen und die Schnur löst sich erst nach starkem Ziehen. Manchmal reißt sie auch ab. Dabei wird die angrenzende Schnurlänge oft überdehnt und verliert dadurch an Reißfestigkeit. In diesen Fällen solltest du die Schnur um ein paar Meter kürzen, bevor du wieder ein neues Vorfach anknüpfst. Um ganz sicher zu gehen, solltest du eigentlich in regelmäßigen Abständen die ersten 3 bis 4 m abschneiden und entsorgen.

Keinesfalls darfst du die Spule bis zur Oberkante mit neuer Schnur füllen, dann springt sie leicht herunter. Vor allem beim Auswerfen ist ein ärgerlicher »Schnurverhau« die Folge. Am besten lässt du deine Rolle im Fachhandel bespulen, dann kann nichts schief gehen.

DAS VORFACH

Der Begriff »Vorfach« ist bereits einige Male genannt worden. Grundsätzlich wird der Haken nicht direkt an die Hauptschnur gebunden, sondern an das vorgeschaltete »Vorfach«. Dieses kurze Stück Angelschnur ist ein bisschen dünner als die Hauptschnur und deswegen für den Fisch weniger sichtbar. Ein weiterer, wichtiger Grund für ein Vorfach: Manchmal verhängt sich der Haken so in einem Hindernis, dass man ihn abreißen muss. In diesem Fall geht aber nur das kurze, schwächere Vorfach verloren, welches schnell ersetzt werden kann. Für das Grundangeln hat man in der Regel mehrere dieser 30 bis 50 cm langen Vorfächer mit angebundenem Haken im Gerätekasten dabei. Wie wird das Vorfach mit der Hauptschnur verbunden? Es gibt zwei gängige Varianten:

Achtung!

Du darfst abgeschnittene Schnurreste niemals achtlos wegwerfen. Sie gefährden Tiere, vor allem Vögel, die sich darin verfangen können. Größere Schnurreste zusammenwickeln und immer mit nach Hause nehmen und dort im Mülleimer entsorgen. Wenn du nur ein kurzes Stück hast, kannst du es auch in wenige Zentimeter kurze Stücke schneiden.

Vorgebundene Vorfachhaken gibt es in großer Auswahl zum Angeln mit Naturködern wie Würmer, Maden, Teig, Käse etc.

Vorfach

Eine einfache Schlaufenverbindung zwischen Vorfach und Hauptschnur eignet sich besonders für leichtere und feinere Grundangelmontagen. Sonst verwendet man einen Wirbel, am besten mit Einhängekarabiner. Der Wirbel verhindert vor allem beim Spinnangeln das Verdrehen der Leine.

1. Schlaufenverbindung (sehr praktisch!)
2. Knotenverbindung (unpraktisch!)
3. Wirbel mit Knoten auf jeder Seite (unpraktisch!)
4. Karabiner ohne Wirbel (praktisch!)
5. Wirbel mit Karabiner (praktisch! Notwendig beim Spinnangeln)

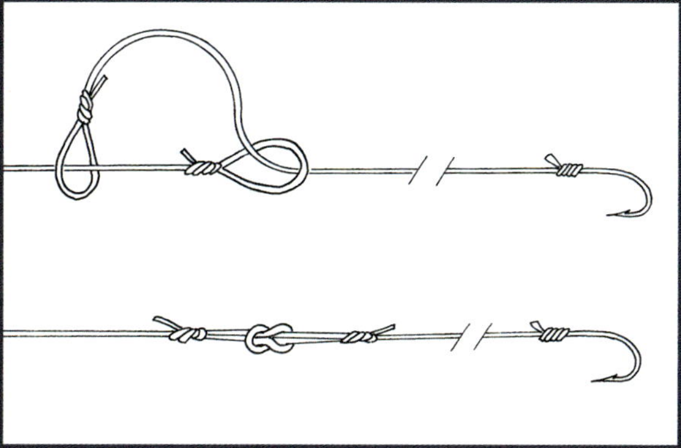

Hier siehst du einen »Stopperknoten«. Diesen brauchst du z.B. zum Angeln mit einer Gleitpose (siehe Seite 59 und 60). Auf Seite 35 wird erklärt wie man ihn bindet. Lasse die Enden ca. 3 cm lang,

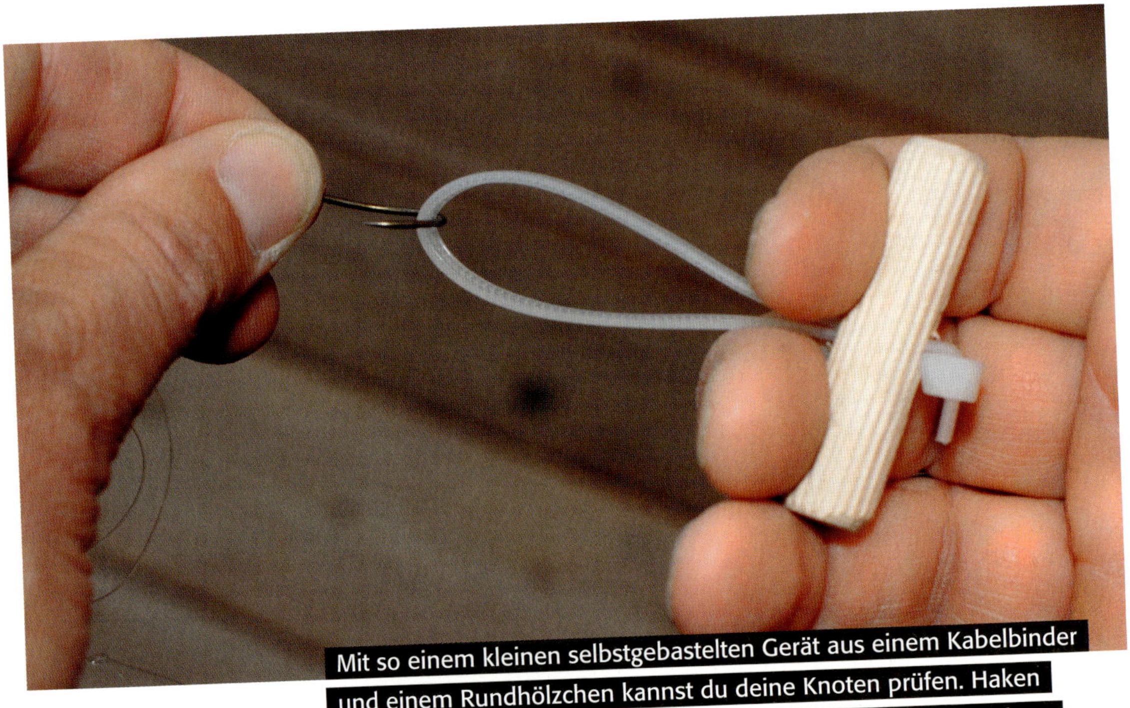

Mit so einem kleinen selbstgebastelten Gerät aus einem Kabelbinder und einem Rundhölzchen kannst du deine Knoten prüfen. Haken einhängen und an der Hauptschnur über dem Vorfach fest ziehen.

Merke!

Eine gute Angelschnur soll...

- für die Fische möglichst unsichtbar sein.
- geschmeidig und glatt durch die Rutenringe gleiten.
- harte Rucke durch kontrollierte Dehnung abfedern und damit verhindern, dass der Haken aus dem Fischmaul ausschlitzt.
- abhängig von ihrem Durchmesser eine hohe Reißfestigkeit besitzen.

1. Für leichtes Angeln mit dünneren Schnüren werden Vorfach und Hauptschnur miteinander verschlauft. Dazu wird in die Hauptschnur sowie in das Vorfach jeweils eine Chirurgen-Schlaufe geknüpft. Beide Schlaufen werden dann ineinander gesteckt und zusammengezogen.

2. Für stärkere Schnüre und Vorfächer für größere Fische knüpft man mittels Klammer- oder Grinnerknoten einen Wirbel dazwischen, der das Verdrehen der Hauptschnur verhindert. Meistens werden Wirbel mit Karabiner verwendet, um die Schlaufe des Vorfachs rasch ein- und aushängen zu können.

DIE SCHNURKNOTEN

Jetzt kommen wir zu einer enorm wichtigen Sache. Haken, Vorfach und Hauptschnur müssen zuverlässig miteinander verbunden werden. Dazu gehören tragfähige Knoten. Gute Angelknoten gibt es viele. Lass dich nicht verwirren, du brauchst nur einige davon. Zuerst denken wir darüber nach, an welchen Stellen der Schnur Knoten benötigt werden:

- Festmachen der Angelschnur auf der Rolle.
- Anbinden des Hakens oder eines Wirbels.
- Verbinden von zwei Schnurstücken miteinander.
- Das Binden einer Schlaufe in ein Schnurende, bzw eines Seitenarms an der Schnur.
- Stopperknoten auf der Schnur.

Knoten solltest du am Anfang immer wieder üben und anwenden, bis du sie richtig beherrscht und sie auch mit kalten und nassen Fingern binden kannst. Das ist sehr wichtig, denn die beste Rute, die teuerste Rolle und auch die strapazierfähigste Schnur nützen überhaupt nichts, wenn der Knoten nachgibt. Hier zeige ich dir die Knoten, die ich selbst benutze:

Tipp!

Falsch oder schlecht gebundene Knoten stellen ein hohes Risiko dar. Knüpfe alle Schnurverbindungen mit größter Sorgfalt. Feuchte einen Monofilknoten mit der Zunge kurz an und ziehe ihn langsam und nicht ruckartig zu. Mit den Fingernägeln kannst du dabei etwas nachhelfen und die Windungen zusammenschieben. Schneide auch das freistehende Ende des Knotens nicht zu knapp ab. Manchmal rutscht es noch ein wenig nach.

Hier siehst du einen korrekt gebundenen »Verbesserten Klammer-Knoten« in vielfacher Vergrößerung. Die monofile Schnur wurde an einem Wirbel befestigt, der die Verbindung zum Vorfach herstellt. Schau' dir deine Knoten nach der Fertigstellung noch einmal genau an. Nur sauber und sorgfältig gebunden sind sie auch sicher und tragfähig. Schneide das Knotenende kurz, aber nicht zu kurz ab, die Schnur kann noch etwas nachrutschen.

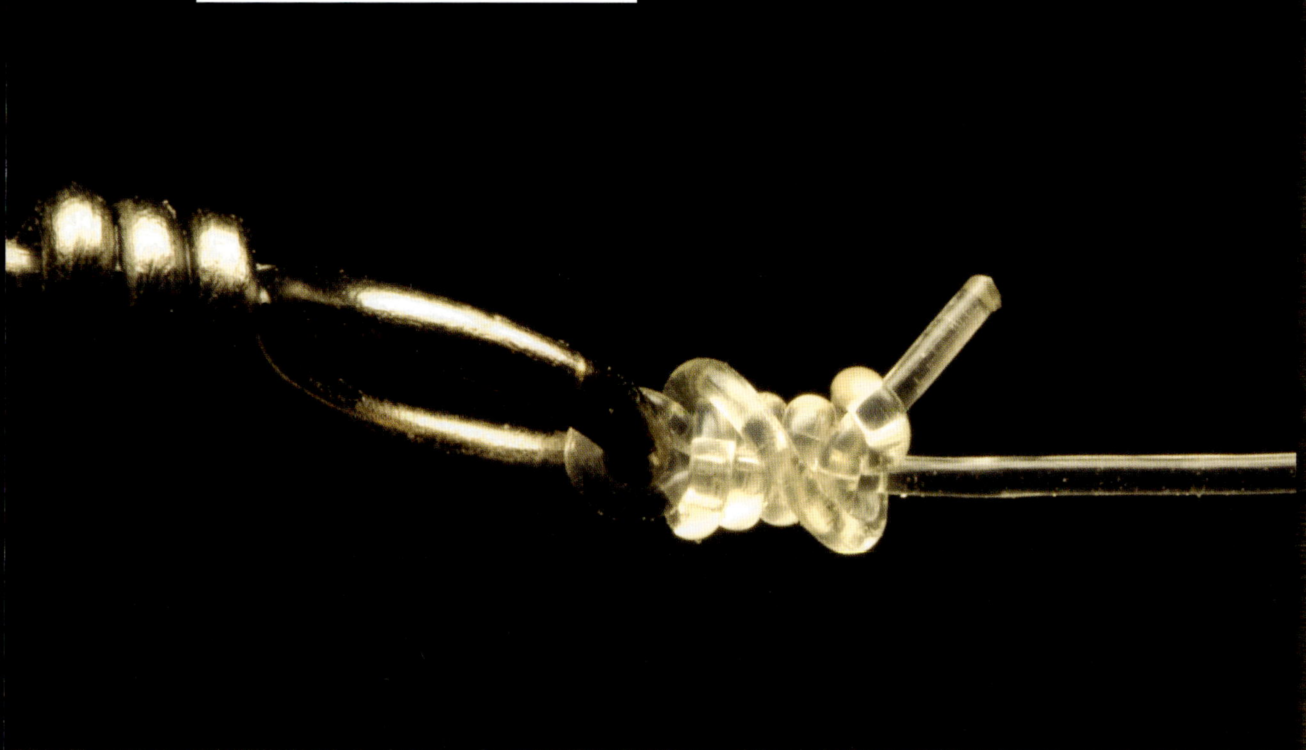

Spulenknoten

Damit kannst du auf einfache Art und Weise deine Schnur auf der Spule befestigen. Bei einer Monofilschnur gibt es keine Probleme, aber eine geflochtene Schnur rutscht sehr leicht durch. Am besten klebt man etwas Textilklebeband um den Spulenkern, dann sitzt auch diese Schnur.

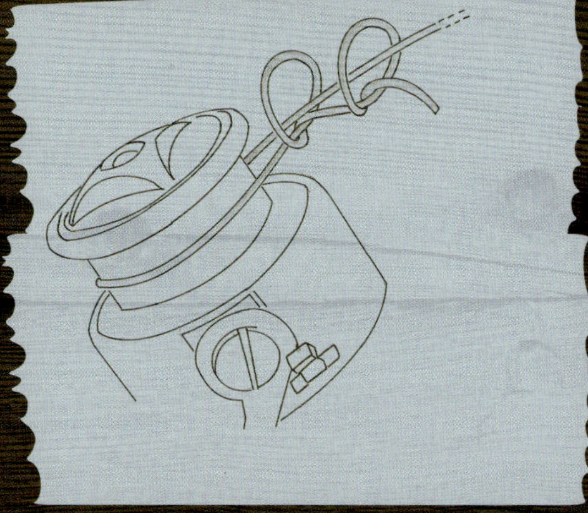

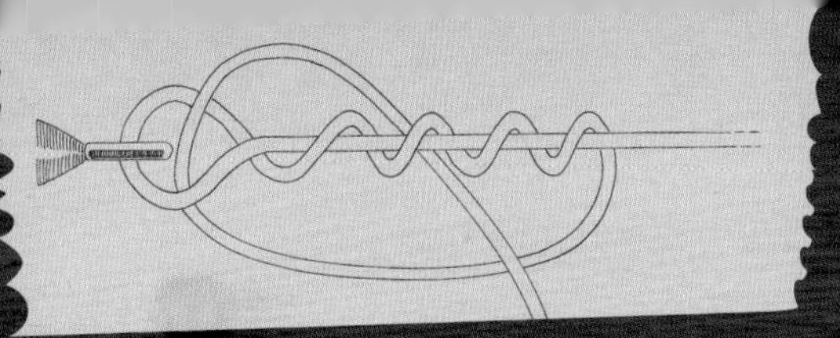

Verbesserter Klammerknoten

Diesen Knoten zum Anknüpfen von Wirbeln und Öhrhaken kannst du schnell erlernen. Er hat eine hohe Tragkraft und ist sehr einfach zu binden. Er ist einer meiner Lieblingsknoten. Vergiss aber nie, das Schnurende noch einmal durch die große Schlaufe zu stecken.

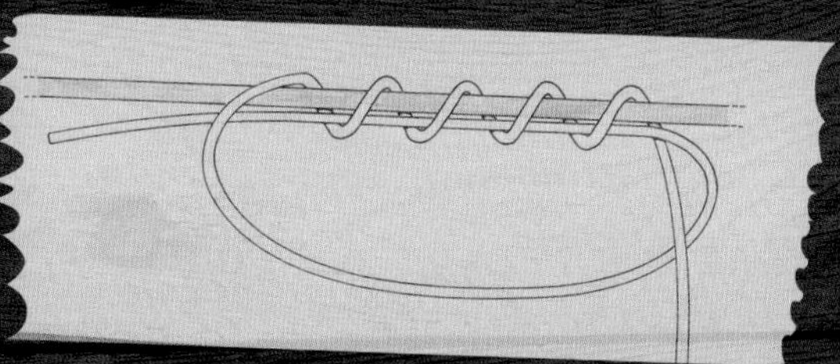

Stopperknoten

Unentbehrlich bei der Verwendung einer Gleitpose (siehe Seite 59 u. 60). Das verwendete Monofil muss etwas dünner sein als die Hauptschnur. Damit bindet man einen einfachen Grinnerknoten, der sich auf der Hauptschnur festklemmt, aber sich gerade noch verschieben lässt.

Chirurgenschlaufe

Schlaufen am Ende der Leine brauchst du immer wieder. Zum Beispiel, wenn du Vorfach und Hauptschnur mittels ineinandergesteckter Schlaufen verbinden willst.

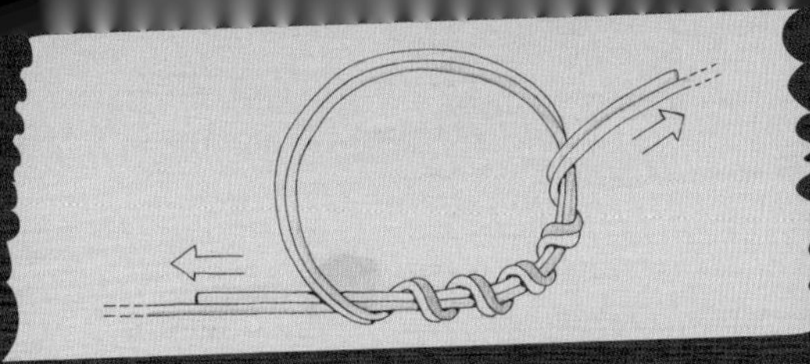

Chirurgenknoten

Er eignet sich wie der Grinnerknoten zum Verbinden zweier Leinenstücke. Allerdings musst du einen Abschnitt immer wieder durch die Schlaufe durchziehen. Es sollte sich also kein Köder an einem Ende befinden.

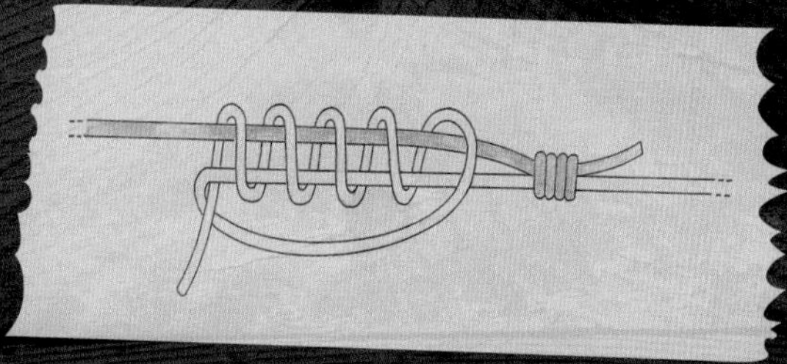

Grinnerknoten

Damit kannst Du zwei Leinenabschnitte miteinander verknüpfen ohne irgendeinen Abschnitt ganz durchziehen zu müssen. Das heißt, am Ende der Schnur kann sich auch eine Ködermontage befinden.

Achterknoten für Stahlseide

Mehrfädige Stahlseide verwendet man gerne als Vorfach für das Angeln auf Fische mit scharfen Zähnen, wie z. B. dem Hecht. Mit dem Achterknoten kannst du den Kunstköder oder einen Karabinerwirbel an die Stahlseide binden. Die meisten anderen Knoten sind nicht für dieses Material geeignet.

NY

KÖDER, MONTAGEN UND METHODEN

Die Praxis des Fischfangs ist vielseitig. Karpfen und Schleie werden mit natürlichen Ködern überlistet, Hecht oder Zander stellen wir mit Blinker und Wobbler nach, die künstliche Fliege wird Forellen und Äschen vorgesetzt. Und das sind bei weitem nicht alle Möglichkeiten. In diesem Kapitel stelle ich dir die wichtigsten Techniken vor, erkläre Schritt für Schritt die richtigen Vorfachmontagen und zeige dir, wie du den Köder am besten den Fischen vorsetzt.

ANGELN AUF FRIEDFISCHE

Um das Angeln von Anfang an richtig zu erlernen, solltest du dich zuerst mit den Friedfischen beschäftigen. Sie heißen so, weil sie sich in erster Linie nur von Insektenlarven und Kleintieren ernähren und nicht ihre Artgenossen fressen. Zu ihnen gehören die große Gruppe der Weißfische mit ihrem silberhellen Schuppenkleid, z. B. Rotaugen, Rotfedern, Brachsen u.a., aber auch die goldgrüne Schleie und der sehr groß wachsende Karpfen. Dem Karpfen wirst du öfters begegnen, da er in vielen Gewässern vorkommt. Manche Fische fressen auch Algen und andere Pflanzenteile. Zwei Weißfische fallen aber doch etwas aus dem Rahmen: Der Döbel (Aitel) und der Rapfen (Schied) leben als erwachsene Fische räuberisch und fressen Klein- und Jungfische. Glücklicherweise mögen alle der genannten Fische aber auch andere Speisen. Auch solche, die von Natur aus im Wasser gar nicht vorkommen.

* SCHLEIE *

Größe:
Bis 70 cm.

Gewicht:
Bis 7 kg.

Laichzeit:
Mai bis Juni.

Beste Fangzeit:
Juli bis September.

Angelgerät:
Mittelstarke Posen- und Grundrute, nicht zu großer Haken.

Köder:
Tau- und Rotwurm, Maden, Brot, Teig.

Lebensraum:
Ruhiges, strömungsarmes Wasser mit schlammigem Boden und Pflanzenbewuchs.

Besonderheiten:
Die Brustflossen des Männchens (Milchner) sind deutlich größer als die des Weibchens (Rogners).

Zum Friedfischangeln ist eine etwas längere Rute von Vorteil, mit der du deinen Köder leicht an den Stellen platzieren kannst, wo du die Fische vermutest. Ein wenig ausgeworfenes Grundfutter lockt Weißfische, Schleien und Karpfen an.

* BRACHSE (BLEI) *

Größe:
Bis 60 cm.

Gewicht:
Bis 6 kg.

Laichzeit:
Mai bis Juni.

Beste Fangzeit:
Juli bis September.

Empfohlenes Angelgerät:
Posenangel.
Grundangel mit Futterkorb,
Rute mit Schwing- oder Zitterspitze.

Köder:
Rotwurm, Maden, Teig, Mais.

Lebensraum:
Ruhiges, strömungsarmes Wasser mit schlammigem Boden und Pflanzenbewuchs.

Besonderheiten:
In der Laichzeit deutlich kornartiger Ausschlag auf der Körperoberfläche.

Eine Grundrute liegt auf einem elektronischen Bissanzeiger. Das Grundblei fixiert den Köder auf dem Gewässerboden. Sobald ein Fisch damit abzieht, läuft die Schnur und der Bissanzeiger gibt hörbar Alarm.

DIE KÖDER

Bevor wir die notwendige Ausrüstung und verschiedene mögliche und erfolgversprechende Angelmethoden für Friedfische besprechen, befassen wir uns zuerst mit einigen geeigneten Ködern. Denn einen blanken Haken finden die Fische verständlicherweise nicht sonderlich attraktiv.

Würmer

Der bekannteste Angelköder ist vermutlich der gewöhnliche Erd- oder Gartenwurm. Er lebt in der Erde, aber sobald bei Regen seine Wohnung mit Wasser voll läuft, rettet er sich an die Oberfläche und zeigt sich unter anderem auf Gehwegen, wo wir ihm bei nassem Wetter sehr häufig begegnen.

Würmer

Hier ist ein Wurm fertig auf den Haken gezogen, er wird gleich den Fischen vorgesetzt. Würmer halten grundsätzlich recht gut am Haken und fallen auch bei weiten Würfen nicht gleich ab. Sie eignen sich deswegen vor allem um Angeln mit einem Grundblei, mit dem der Köder auf größere Entfernung direkt am Gewässerboden ausgelegt wird.

Links eine Dose mit den kleineren Rotwürmern, die besonders gerne von Schleien oder Brachsen genommen werden. Je nach Hakengröße kannst du zwei, drei oder auch mehr Würmer als Bündel anbieten. Rotwürmer findest du in jedem Komposthaufen. In der rechts abgebildeten Dose befinden sich die dicken Tauwürmer. Meistens reicht schon ein einzelnes Exemplar auf einem größeren Haken. Ein sehr guter Köder für große Karpfen, Aale oder kampfstarke Barben.

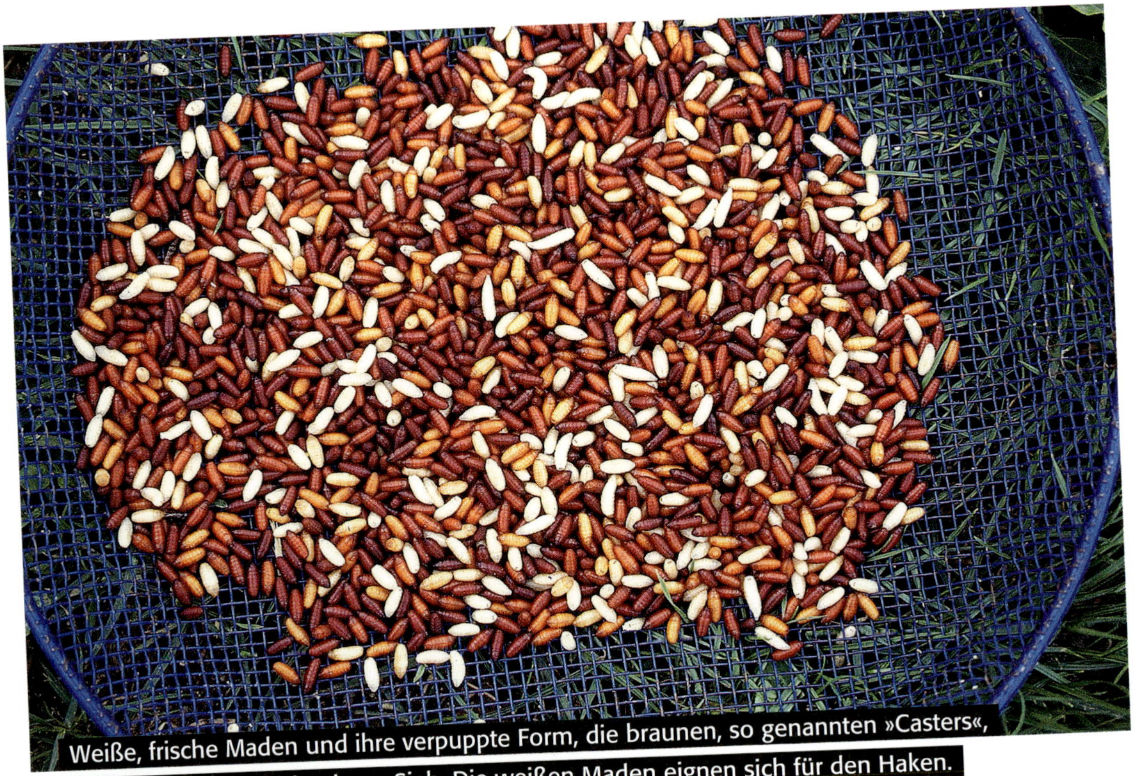

Weiße, frische Maden und ihre verpuppte Form, die braunen, so genannten »Casters«, liegen hier gemischt in einem Sieb. Die weißen Maden eignen sich für den Haken. Die Casters gibt man zerquetscht ins Grundfutter.

Aus diesem Grund heißt er im Volksmund »Regenwurm«. Einen Tagesvorrat Würmer besorgst du dir durch Umgraben eines Gartenbeets. Die besonders großen, dicken Tauwürmer, kannst du nachts bei Regen von der feuchten Erdoberfläche absammeln. Du brauchst eine Taschenlampe und schnelle Finger, die Würmer hängen nämlich mit einem Teil ihres Körpers noch im Erdloch und ziehen sich bei Gefahr blitzschnell zurück. Auf einfachere Weise findest du eine ganze Menge der kleineren Rotwürmer im Komposthaufen. Sie sind ein Leckerbissen für viele Fische. Richte eine Holzkiste mit feuchter Gartenerde her, in der du deine gesammelten Würmer aufhebst und vielleicht sogar vermehrst. Stelle sie an einen kühlen, schattigen Platz im Garten und lasse die Erde nicht austrocknen, aber auch nicht zu nass werden. In einer speziellen Wurmdose mit Luftlöchern im Deckel nimmst du immer nur so viele Würmer zum Angeln mit, wie du voraussichtlich brauchen wirst. Die Dose füllst du mit weichem, feuchtem Moos. Während des Angeltages muss die Dose kühl lagern, damit die Würmer frisch bleiben.

Maden

Fliegenmaden sind, abgepackt in kleinen Plastikdosen, praktisch in jedem Angelladen zu haben. Die Maden sollten frisch und schön weiß sein. Die weißen Maden können ein paar Tage gekühlt aufbewahrt werden. Die niedrige Temperatur verhindert, dass sie sich verpuppen und braun werden. Manche Angelexperten verwenden zwar auch die bereits harten, braunen und verpuppten Exemplare. Für unsere Zwecke sind sie aber zu alt. Dennoch solltest du die Madendose nicht im Küchenkühlschrank neben Butter und Käse aufbewahren. Viele Angler benutzen einen zusätzlichen Kühlschrank, z. B. im Keller. Hier kannst du auch andere Köder wie Teige oder ähnliches für einige Zeit lagern. Jedenfalls können Weißfische nur sehr schwer einem Madenköder widerstehen. Beim Anködern musst du ein wenig aufpassen. Erstens eignet sich nur ein sehr dünndrähtiger und absolut spitzer Haken, und zweitens darfst du diesen nicht einfach irgendwo durch den Körper der Made stechen. Sie ist mit Flüssigkeit gefüllt und würde einfach auslaufen. Die Spitze des Hakens soll auf der so genannten »Augenseite« (die zwei kleinen schwarzen Punkte sind die Atemöffnungen) sichtbar, ganz knapp durch die Haut geführt werden. Mit ein bis zwei Maden auf dem Haken fängst du kleine Rotaugen, aber auch große Brachsen.

Achtung!

Zum Forellenangeln solltest du keine Würmer als Köder verwenden. Junge und zu kleine Forellen, die sich für eine Mitnahme nicht eignen, würgen diesen Köder oft sehr gierig hinunter. Für Forellen gibt es ohnehin viel spannendere Methoden.

*** AAL ***

Größe:
Bis 150 cm.

Gewicht:
Bis 4 kg.

Laichzeit:
Laicht im Meer.

Beste Fangzeit:
Mai bis September.

Empfohlenes Angelgerät:
Stärkere Grundrute mit entsprechender Schnur, starker Haken.

Köder:
Tauwurm, kleine Fische.

Lebensraum:
Laicht im Sargasso-Meer vor Florida. Besiedelt fast alle Gewässer Europas, die er auf natürlichen Weg erreichen kann. Andere Gewässer wurden künstlich besetzt. Lebt versteckt am Grund. Geht vor allem nachts auf Nahrungssuche.

Auch andere Vertreter aus der Kleintierwelt, wie Heuschrecken, Käfer oder Schnecken u. ä., lassen sich als Köder verwenden, ohne dass ich hier näher auf sie eingehe. Reden wir jetzt über einige erfolgreiche Köder aus der eigenen Küche. Manches was Menschen schmeckt, finden auch Fische lecker.

Weißbrot

Ein sehr einfacher und vielseitiger Köder, den du an einer Posenangel oder auch direkt schwimmend an der Wasseroberfläche anbieten kannst. Allerdings solltest du kein ganz frisches Brötchen verwenden. Die rösche Kruste, die uns besonders gut schmeckt, lässt sich schlecht am Haken befestigen. Stecke die Brötchen über Nacht in einen Plastikbeutel, bis die Rinde zäh und weich geworden ist. Beim Angeln schneidest du dann immer ein Stückchen ab und ziehst den Haken durch die inzwischen lederartige Außenhaut.
Nur das weiße Innere lässt sich als »Brotflocke« schön auf einen Haken drücken und ist ein Superköder, der sehr verlockend im Wasser schwebt.

*** BARBE ***

Größe:
Bis 80 cm.

Gewicht:
Bis 10 kg.

Laichzeit:
Mai bis Juli.

Beste Fangzeit:
Juli bis September.

Empfohlenes Angelgerät:
Mittelstarke Grundrute mit Grundblei-Montage.

Köder:
Würmer, Maden, Käse.

Lebensraum:
Fließgewässer mit stärkerer Strömung und kiesigem Grund. Schwarmfisch.

Besonderheiten:
Während der Laichzeit ist der Laich und vermutlich auch das Bauchfleisch giftig. Der Verzehr verursacht Brechdurchfall.

Nimm die Brotflocke zwischen Daumen und Zeigefinger und drücke sie so auf den Haken, dass noch genug lockere Substanz übrig bleibt. Die Hakenspitze kann ruhig ein wenig hervorschauen.

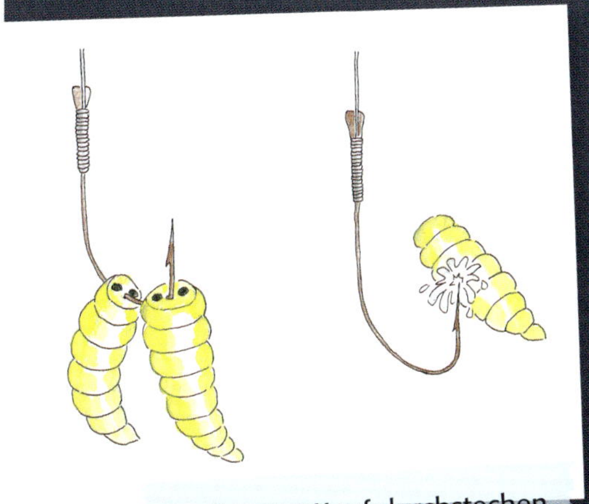

Haken am Kopf durchstechen

Maden immer mit einem feinen Haken ganz knapp hinter den »Augen«, es sind die Atemöffnungen, durchstechen, sonst laufen sie aus.

Ein Grashüpfer ist im Sommer ein guter Köder für Döbel, Forellen und andere Fischarten. Es gibt sehr gute künstliche Imitationen.

Brotteig

Teig ist ein ganz hervorragender Köder, den du dir einfach aus ein paar weißen Brötchen oder ein paar Scheiben Toastbrot und etwas Wasser herstellst. Du kannst den Teig erst am Wasser kneten, am besten machst du es aber in Ruhe zu Hause, hier kannst du sorgfältiger arbeiten. Für einen Angeltag bereitest du eine ganze Stange Toastbrot vor. Kaufe das billigste Toastbrot, das du im Supermarkt bekommen kannst. Die einzelnen Scheiben legst du auf ein großes Küchenbrett und schneidest mit einem scharfen Messer die braunen Ränder weg. Damit wird der Teig gleichmäßiger. Das weiße Brot legst du dann in eine große Küchenschale und gießt etwas Wasser dazu. Dann beginnst du zu kneten. Weiteres Wasser gibst du nur nach und nach zu, damit der Teig nicht zu flüssig wird. Ein paar Flocken Butter oder Margarine machen die Teigmasse etwas fester und geschmeidiger. Sobald sich der Teig schön formen lässt, ist er eigentlich fertig. Zum Abschluss kannst du ihn noch mit verschiedenen Zutaten versehen. Etwas geriebener Hartkäse gibt ihm eine würzige Note, die viele Fische sehr anziehend finden. Deiner Fantasie sind aber keine Grenzen gesetzt. Verwende auch andere Aromastoffe, zum Beispiel Puddingpulver mit Vanille- oder Erdbeergeschmack. Du musst experimentieren bis du herausgefunden hast, was die Fische in deinem Angelgewässer am liebsten mögen. Es macht Spaß immer wieder eine neue Teigvariante zu erfinden und auszuprobieren was die Fische dazu meinen.

Teig haftet auf einem gewöhnlichen Einzelhaken nicht besonders gut. Hierfür gibt es spezielle Teighaken mit einer Drahtspirale um den Hakenschenkel. So einen Haken kannst du auch selbst herstellen, indem du dünnen Kupferdraht um den Hakenschenkel windest.

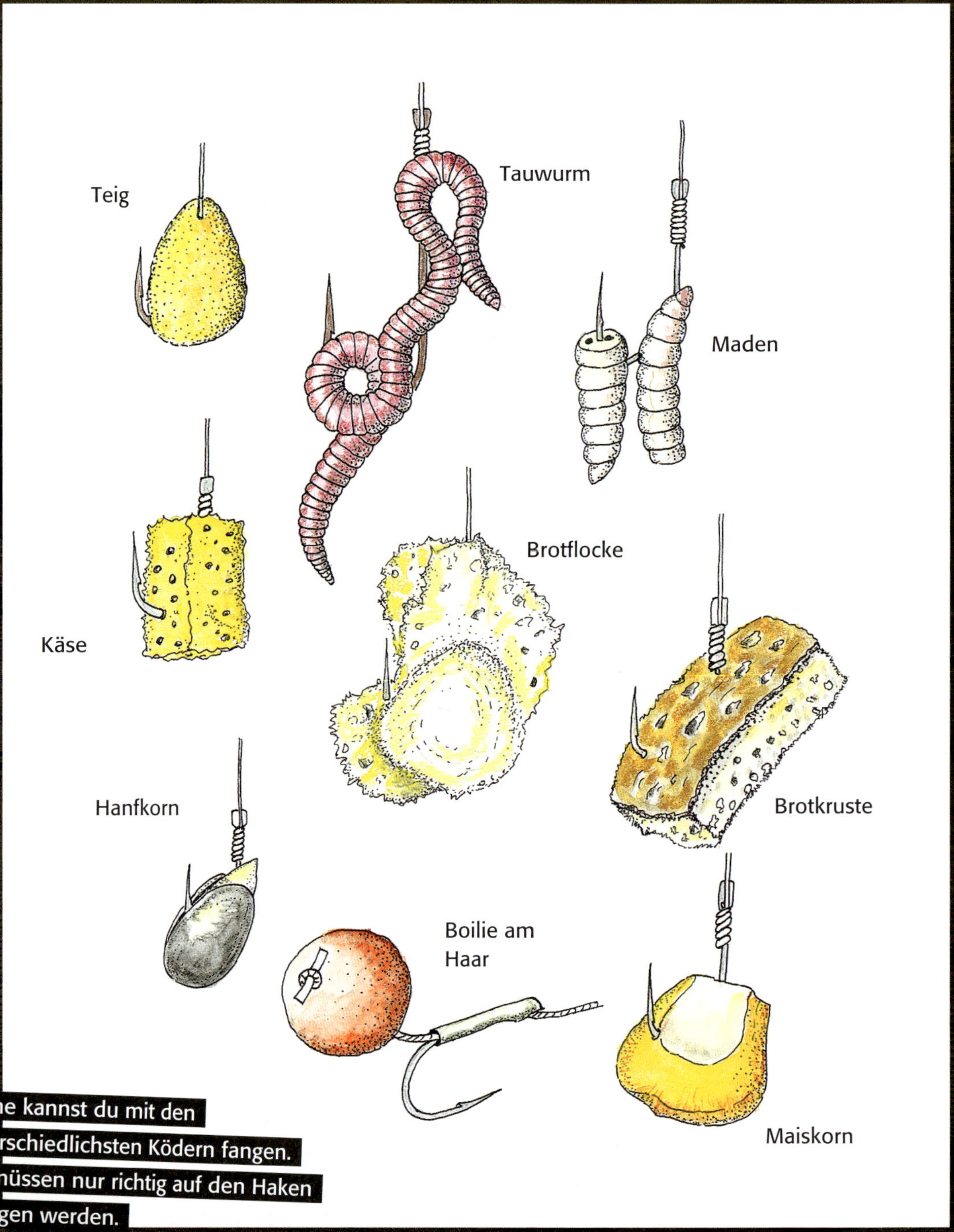

Fische kannst du mit den unterschiedlichsten Ködern fangen. Sie müssen nur richtig auf den Haken gezogen werden.
Die Hakenspitze soll in der Regel frei bleiben, damit sie besser ins Fischmaul eindringt.

Toastbrot soll immer verfügbar sein. Daraus lässt sich schnell ein attraktiver Teig kneten. Du kannst ihn auch mit verschiedenen Aromastoffen aus der Küche oder dem Angelgeschäft anreichern.

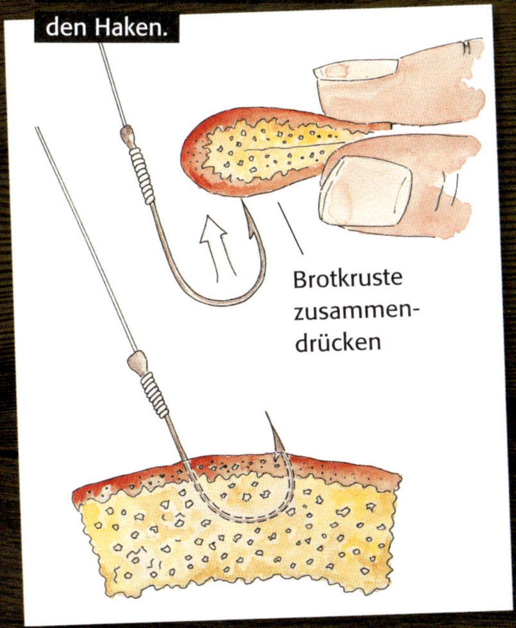

Auf diese Weise bringst du eine zähe Brotkruste auf den Haken.

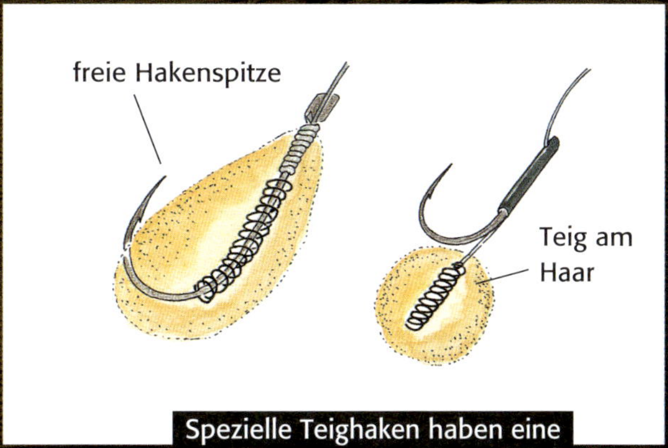

Spezielle Teighaken haben eine Drahtspirale um ihren Schenkel. Der Teig sitzt besonders fest. Wichtig ist die freie Hakenspitze, sonst ziehst du beim Anschlag das Teigkügelchen aus dem Fischmaul heraus, ohne dass der Haken Halt findet.

Ein kleiner Brachse (Blei) konnte ein paar weichen Süßmaiskörnern nicht widerstehen. Ein fantastischer Köder für Friedfische und in jedem Supermarkt erhältlich.

Frühstücksfleisch aus der Dose mögen Fische wie Döbel und Barbe. Am besten fädelst du es mit einer Ködernadel über das Vorfach auf den Haken.

Wichtig beim Anködern:
Die Hakenspitze muss frei sein, sonst bekommst du Fehlbisse.

Für die folgenden Köder musst du nicht viel vorbereiten:

Süßmais

Gibt es in der Dose oder im Glas in jedem Supermarkt zu kaufen. Ein Superköder, der Karpfen, Brachsen und Schleien wild macht. Auf einen kleinen Haken kommen ein oder zwei Körner, auf einen großen auch mehr.

Käse

Vor allem Hartkäse wie Gouda oder Emmentaler ist ein guter Köder für Barben und Döbel. Schneide ihn in kleine zentimetergroße Würfel und stecke einen davon auf einen passenden Haken. Die Spitze soll herausragen sonst hast du Fehlbisse.

Frühstücksfleisch

Es wird wie Käse in Würfel geschnitten und auf gleiche Weise auf den Haken befestigt. Mit einer Ködernadel kannst du das Vorfach bis zum Haken durch das Frühstücksfleisch ziehen. Der Haken sitzt dann besonders sicher.

Lockfutter

Grundsätzlich kannst du einen Köder überall von der Wasseroberfläche bis zum Grund anbieten. Meistens halten sich die Fische jedoch in der Nähe des Gewässerbodens auf, weil sie dort am meisten Nahrung finden. Also wirst du sehr oft deinen Köder dort anbieten. Die Fische suchen ihre Nahrung hauptsächlich im Bodenschlamm, zwischen Steinen oder zwischen den Wasserpflanzen. Um die Fische an deinen Angelplatz zu locken und dort auch über längere Zeit zu halten, wirfst du etwas Grundfutter aus. Aber nur falls es an diesem Fischwasser erlaubt ist.

Nimm nicht zu viel davon, gehe eher sparsam damit um. Du willst die Fische nur am Angelplatz halten. Sie sollen nicht davon satt werden, sonst mögen sie deinen Köder nicht mehr. Zudem kann es durch zu viel eingebrachtes Futter zur Überdüngung und damit zur Schädigung des Gewässers kommen. Ein einfaches, aber wirksames Grundfutter sind ein paar **eingeweichte Brotklumpen,** die zusätzlich mit etwas Brotmehl gemischt werden. Füge noch eine Handvoll weichen Süßmais hinzu und forme daraus einen **Futterball.** Wenn du diesen Ball noch mit ein paar Steinchen vermengt, sinkt er schneller zum Boden. Falls du gezielt auf Karpfen angelst, sind einzelne Maiskörner sehr gut um Anfüttern.

Hanfsamen bekommst du in einem landwirtschaftlichen Lagerhaus. Weichgekocht besitzt er alleine oder als Beimischung eine sehr gute Lockwirkung.
Im Winter halten viele Fische Winterruhe. Ein paar Arten, z. B. Döbel oder Rotaugen fressen trotzdem hin und wieder, wenn es nicht zu kalt ist. Jetzt darfst du aber nur sehr, sehr wenig Lockfutter ins Wasser werfen.

Im Fließwasser musst du dein Lockfutter immer ein wenig stromauf von der Stelle einwerfen, an der es auf den Gewässergrund treffen soll. Die Fische stehen dann noch etwas weiter stromab und fangen die abdriftenden Partikel ab. Hier muss dann auch dein Köder vorbeitreiben.

Lockfutter

Die richtige Größe für einen Futterball. Er darf nicht gleich beim Auftreffen auf die Wasseroberfläche auseinanderbrechen, sondern soll sich erst am Grund langsam auflösen, damit sich seine Lockwirkung langsam entfaltet.

Ein Hanfkorn ist gerade so groß wie ein Streichholzkopf. Manche Weißfische sind ganz verrückt danach. Am besten sind die Samen, wenn man sie in heißem Wasser aufquellen lässt, bis der Keim hervorspritzt.

Hier wird eine Mischung aus Brotkrumen und Süßmais für einen Futterball vorbereitet. Jetzt noch Wasser zugeben, damit sich alles gut kneten lässt.

DIE ANGELMETHODEN

Nun geht es darum, auf welche Art wir den Fischen all die leckeren Dinge anbieten sollen. Grundsätzlich gibt es zwei Möglichkeiten. Wir können sie mit einer Pose im Wasser schwebend oder mit einem Bodenblei direkt am Grund liegend präsentieren. Welche Methode besser ist, hängt von der Fischart, der Art des Gewässers und seinem Untergrund ab.

Mit der Posenangel

In stehenden oder langsam fließenden Gewässern macht die Posenangel am meisten Spaß. Die »Pose«, die manchmal auch ganz einfach »Schwimmer« genannt wird, hält den Köder in einer bestimmten Tiefe. Bei einem Anbiss taucht sie unter. Der Köder kann dabei irgendwo zwischen Boden und Wasseroberfläche schweben. Am erfolgversprechendsten ist es oft nahe am Grund, dazu musst du aber vorher die Wassertiefe genau ausloten. Das gelingt gut mit einem speziellen Lotblei, das anstelle des Köders an den Haken kommt und so schwer ist, dass es die Pose unter Wasser zieht. Du musst dann die Pose so lange auf der Schnur verschieben, bis sie knapp unter der Wasseroberfläche zu sehen ist. Wenn sie später an der Oberfläche schwimmt, befindet sich der Köder knapp über dem Grund. Denke aber daran, dass der Boden schlammig sein kann und das Blei vielleicht gerade 10 cm im Grund eingesunken ist. Diese Spanne musst du dann entsprechend mit einberechnen. Wenn der Fisch beißt, zieht er die Pose unter Wasser, das ist das Signal für dich die Rute zu heben und den Haken im Maul des Fisches zu setzen.

Welches Rutenmodell oder welche Rolle wirst du für deine Posenmontage verwenden?

Jetzt müssen wir ein wenig unterscheiden. Nehmen wir an, du möchtest kleinere Weißfische fangen, z. B. Rotaugen. Sie schwimmen in vielen fließenden und stehenden Gewässern. Meistens sind sie so um die 10 bis 20 cm groß, aber es kommen durchaus auch größere Exemplare vor. Rotaugen ziehen in Schwärmen umher und lassen sich leicht mit etwas Grundfutter anlocken. Dazu genügt es, wir haben schon darüber gesprochen, wenn du etwas krümeligen Brotteig oder weich gekochten und gequollenen Hanfsamen am vorgesehenen Angelplatz einwirfst. Auch andere Fische, wie Güstern, kleine Brachsen oder Döbel werden sich dann nicht lange bitten lassen. Falls die Fische nicht zu groß sind, macht es jede Menge Spaß mit einer »Stipprute« ohne Rolle zu angeln.

Posenangeln mit der Stipprute

Die Angelschnur wird an die Spitzenöse der Rute gebunden. Es gibt tatsächlich Stippruten in der unglaublichen Länge von bis zu 16 Meter. Damit können aber nur Experten richtig umgehen. Uns genügt eine etwa 4 bis 5 m lange Teleskop-Stipprute für unter 10 Euro. An den Ring in der Rutenspitze knüpfst du ein Stück 0,20 mm starkes Monofil in Länge der Rute. Ans Ende der Schnur kommt ein kurzes Vorfach mit einem 16er Madenhaken.

Was ist der Zweck einer Pose?

1. Der Köder schwebt in einer bestimmten Tiefe.

2. Der Biss eines Fisches wird angezeigt, ohne dass der Fisch den Widerstand der Pose spüren darf.

3. Der Köder kann im Bach oder Fluss an Stellen treiben, die anders nicht erreichbar wären. Zum Beispiel unter überhängende Uferbäume.

Wenn du dicht am Grund angeln möchtest, kommt es auf die richtige Tiefeneinstellung deiner Posenmontage an. Mit einem speziellen Lotblei am Haken setzt du diesen direkt auf den Grund. Dann verschiebst du die Pose so lange auf der Schnur bis sie nach einigen Versuchen knapp unter der Wasseroberfläche steht. Wenn du danach das Lotblei entfernst, schwimmt die Pose an der Wasseroberfläche, aber der Haken und der daran befestigte Köder schweben knapp über dem Grund.

Für dich ist eine 4 bis 5 m lange Stippangel genau richtig, um kleinere Fische zu fangen. Eine gute Methode zum Fang von Köderfischen für Zander, Hecht und Barsch.

Ein kleiner Barsch hat eine einzige Made an der Stippmontage genommen. Ein idealer Köder zum Fang von großen Barschen und Zandern. Mehr dazu ab Seite 72.

Da die Stipprute keine Rolle hat, muss die Schnur und die Posenmontage für den Transport auf ein kleines Plastikgestell, das so genannte »Leiterchen«, aufgewickelt werden.

Eine sensible feine Pose, z. B. eine **Stachelschweinpose,** wird mit einem oder zwei **Bleischroten** eingestellt und zeigt dir die Bisse an. Als Köder dient eine Made oder ein kleines Teigkügelchen. Lass die Hakenspitze frei und vergiss auch hier nicht vorher die Tiefe auszuloten, damit du deinen Köder knapp über Grund anbieten kannst. Das Angeln mit der leichten Stipprute ist eine gute Übung für den Fang größere Fische. Da keine Rolle vorhanden ist, wird die gesamte Schnur- und Ködermontage zwischen den Angeleinsätzen auf einer kleinen Vorrichtung aufbewahrt, die »Leiterchen« genannt wird.

Posenangeln mit beringter Rute und Rolle

Für größere Friedfische, z. B. Brachsen, Nasen, oder auch Schleien und Karpfen verwendest du natürlich eine kräftigere, beringte Rute mit einer Stationärrolle. Dazu möchte ich dir folgende Gerätezusammenstellung empfehlen. Ich verwende sie selbst und sie wird sicher auch dir über viele Jahre viel Spaß bereiten:

Posenrute: Länge 3,0 bis 3,60 m; Wurfgewicht 25 bis 30 g; Stationärrolle mit Monofil 0,25 bis 0,30 mm.

Kleinteile: Verschiedene Posen, Bleischrote, eventuell kleine Wirbel. Fertige Vorfächer (Vorfachhaken) mit Weißfischhaken Gr. 10 bis 14. Karpfenhaken Gr. 6 bis 10.

Die Wahl der richtigen Pose

Wenn du in ein Fachgeschäft kommst, wirst du eine ganze Menge Posen in unterschiedlicher Größe und Form vorfinden. Die Größe ist vom Ködergewicht abhängig, aber in Bezug auf die Form kannst du dir grundsätzlich folgendes merken: Auffallend schlanke Posen mit langen Antennen sind etwas für stehende Gewässer. In fließenden Gewässern verwendet man etwas dicklichere Posen mit relativer kurzer Antenne bzw. rundlicher Spitze. Der dickere Auftriebskörper liegt näher zur Spitze hin. Diese Posen treiben stabiler in einer unruhigen Strömung als die langen, schlanken.

Tipp!

Viele Posen besitzen rote Antennenspitzen. Je nach Hintergrund ist Rot nicht immer die beste Signalfarbe. Für eine im Schatten liegende Wasserfläche wäre Weiß besser. Wenn du ein Fläschchen »Tippex« aus dem Bürobedarf im Gerätekasten hast, kannst du die Antenne schnell auf Weiß umfärben. Die Farbe trocknet blitzschnell und lässt sich später mit den Fingernägeln problemlos wieder abkratzen.

Die richtige Beschwerung

Alle Posenmontagen müssen mit einer passenden Anzahl Bleischrote genau austariert werden. Die Pose darf dem Fisch beim Anbiss nämlich nicht zu viel Widerstand bieten, sonst spuckt er den Köder gleich wieder aus, bevor du überhaupt Zeit hast zu reagieren.
Dazu werden gerade so viele **Bleischrote** angebracht bis die Spitze der Pose nur knapp über die Wasseroberfläche ragt und gerade noch gut sichtbar ist. Jetzt wird der Fisch keinen Widerstand fühlen, wenn er beim Anbiss die Pose unter Wasser zieht. Beachte aber immer folgenden eisernen Grundsatz: Klemme die **Bleischrote niemals auf das Vorfach,** sondern immer nur darüber auf die Hauptschnur. Dafür gibt es zwei Gründe: Erstens könntest du beim Andrücken das dünne Vorfach beschädigen, und zweitens verlierst du bei einem Abriss des Vorfachs nur den Haken und das kurze Vorfachstück

Eine etwa 5 bis 6m lange Teleskoprute ist ideal zum Posenfischen auf größere Weißfische, Schleien und nicht zu große Karpfen. Ein bisschen Anfüttern nicht vergessen, dann bleibt der Erfolg nicht aus.

Du solltest nicht gleich den Haken setzen, wenn die Pose seitlich abzieht. Du musst warten bis sie untertaucht, erst dann hat der Fisch Köder und Haken richtig im Maul.

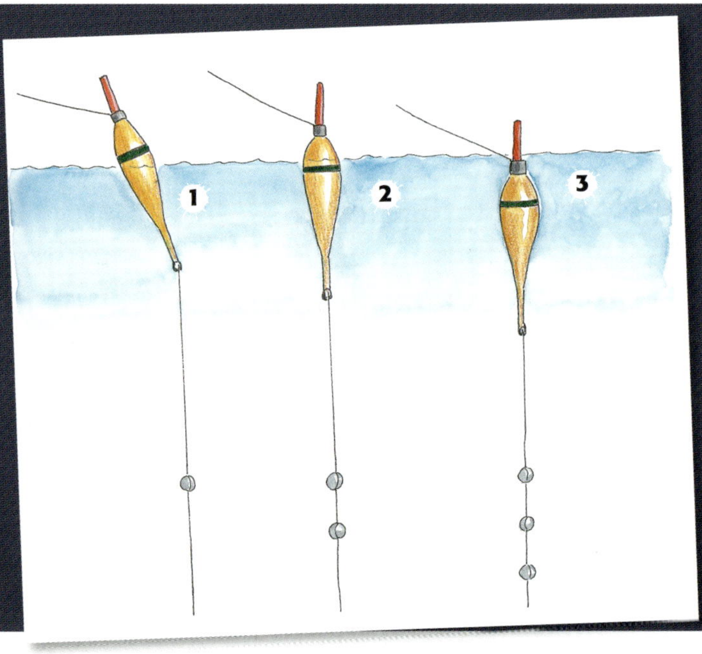

Eine Pose muss richtig beschwert sein, damit der Fisch beim Anbiss keinen Widerstand spürt.

1. Ein Bleischrot: Die Pose steht schräg und ragt weit aus dem Wasser. Starker Auftrieb, großer Widerstand beim Abtauchen.

2. Zwei Bleischrote: Die Pose steht gerade, ragt aber immer noch zu weit aus dem Wasser.

3. Drei Bleischrote: Nur noch die Antenne ragt aus dem Wasser. Die Pose reagiert auf den leichtesten Zug von unten. Der Fisch spürt keinen Widerstand mehr.

Größe:
Meist 15 bis 25 cm, höchstens 40 cm.

Gewicht:
Bis 2 kg.

Laichzeit:
Mai bis Juni.

Beste Fangzeit:
Mai bis September.

Empfohlenes Angelgerät:
Leichte Posenangel.

Köder:
Made, Rotwurm, Teig.

Lebensraum:
Verkrautete Altwässer und Weiher, flache Seen. Kommt auch in leicht verschmutzten Gewässern vor. Lebt meist in Schwärmen.

Besonderheiten:
Goldfarbige Exemplare treten auf (Goldkarauschen).

* KARAUSCHE *

Verschiedene Posen für verschiedene Zwecke. Manche Bezeichnungen kommen aus dem Englischen.

1	Allroundpose	Für stehende und fließende Gewässer. Auch bei Wellen.
2	Stachelschweinpose	Feines Angeln in Ufernähe. Leichte Köder (z. B. Maiskorn, zwei Maden etc.)
3	Drift-Beater	Stehendes Wasser, ruhiges Wetter. Waggler-Montage
4	Crystal-Waggler	Stehendes Wasser, ruhiges Wetter. Waggler-Montage
5	Stickpose	Für leichte Strömung
6	Avonpose	Für leichte Strömung
7	Strömungsei	Fließwasser, leichte Köder
8	Zapfenpose	Größere Köder in rascher, unruhiger Strömung

und nicht die ganze ausgeklügelte Montagebeschwerung. So brauchst du nur ein neues Vorfach anbringen und kannst den Köder schnell wieder auslegen.

Anbringen der Pose

Hier gibt es drei grundsätzliche Varianten:

- Die Pose wird an ihrem **oberen und unteren** Ende fixiert. Eine universelle Befestigung für stehende und fließende Gewässer. Dabei läuft die Schnur meist durch eine Öse am Posenfuß, am oberen Ende wird sie mit einem Gummiring festgeklemmt. Der Ring wurde vorher über die Schnur geschoben. Stippposen werden oben und unten an der Antenne durch Gummiringe gehalten.

- Die so genannte **Waggler-Variante.** Die Schnur wird dabei nur durch die Fußöse der Pose gefädelt. Es werden lange schlanke Posen verwendet, die teilweise vorgebleit sind, damit man weit werfen kann und nicht zu viele Bleischrote zum Austarieren der Montage benötigt. Festgeklemmt wird der »Waggler«, z. B. mit einem Bleischrot, auf der Schnur rechts und links der Fußöse. Diese Posenvariante ist

Zubehör zum Posenangeln: Lotblei zum Feststellen der Wassertiefe. Weiche Spaltschrote in verschiedenen Größen und eine Spezialzange zum Anbringen und Lösen der Schrote.

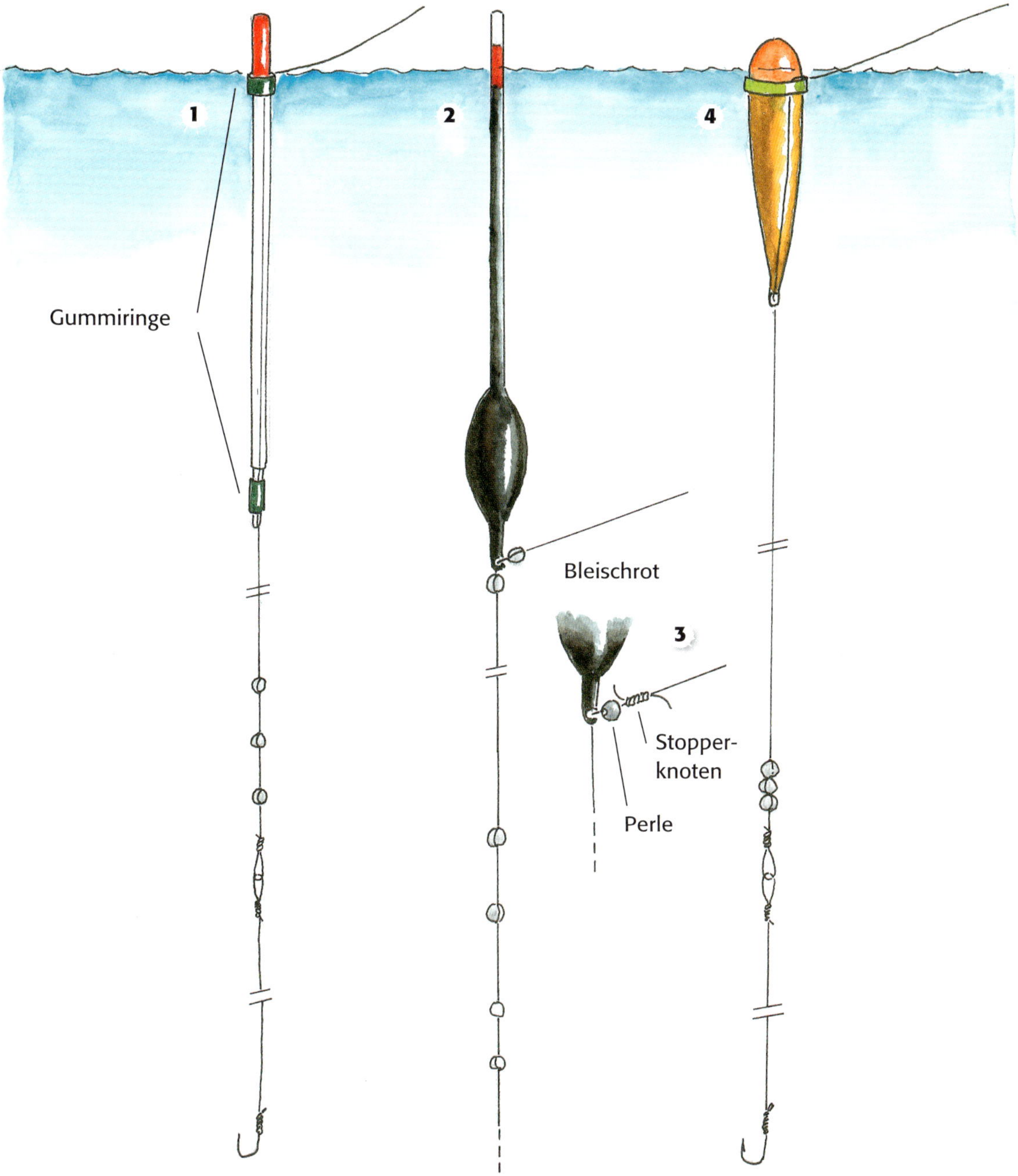

Verschiedene Posenmontagen:

1 fixierte Stickpose für Stillwasser;

2 fixierter Waggler und 3 Waggler mit Gleitmontage (beide für Stillwasser);

4 fixierte schwere Zapfenpose für die Strömung.

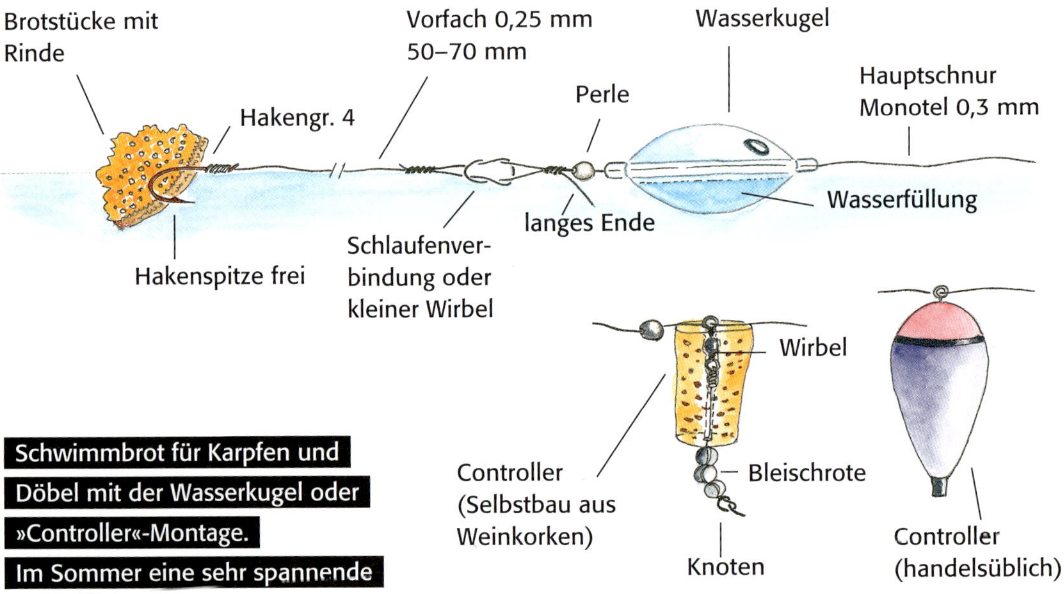

Schwimmbrot für Karpfen und Döbel mit der Wasserkugel oder »Controller«-Montage. Im Sommer eine sehr spannende Möglichkeit den Fischen nachzustellen.

eigentlich nur sinnvoll für stehende Gewässer und nicht für den Einsatz in einer Strömung gedacht. In einem Weiher, Teich oder See lässt sich so die Schnur von der Pose bis zur Rutenspitze unter Wasser führen. Damit bietet sie dem Wind weniger Angriffsfläche und kann weniger abtreiben, als wenn sie auf der Wasseroberfläche schwimmen würde.

- Eine **Gleit- oder Durchlaufpose** ist dann zweckmäßig, wenn das Wasser sehr tief ist und der notwendige Abstand von Pose bis zum Haken die Rutenlänge überschreitet. Eine so lange Montage mit festgestellter Pose lässt sich nicht mehr vernünftig auswerfen, da man beim Ausholen für den Wurf mit dem Köder und dem Vorfach über den Boden schleifen würde. Bei einer Gleitmontage wird die Schnur, ähnlich der Waggler-Montage, meist nur durch die Fußöse einer geeigneten Pose gefädelt, aber nicht festgeklemmt. Es gibt auch Posen, bei welchen die Schnur frei durch ein innenliegendes Röhrchen verläuft. Beim Wurf hängt die Gleitpose am Verbindungsknoten zum Vorfach, die vorgesehene Einstelltiefe wird durch die Position eines Stopperknotens auf der Hauptschnur fixiert. Nach dem Auswerfen zieht die absinkende Montage die Schnur durch die Fußöse bzw. das Innenröhrchen, bis eine über der Pose auf der Schnur gleitende Kunststoffperle gegen den Stopperknoten stößt und die Pose aufhält. Auch wenn deine Rute nur drei Meter lang ist, kannst du jetzt bequem in fünf, sechs oder mehr Metern Tiefe angeln, je nachdem wo der Stopperknoten auf der Hauptschnur sitzt.

Der Anhieb beim Posenangeln
Setze nicht gleich den Haken, wenn die Pose beginnt zu zittern und zu tänzeln. Der Fisch spielt nur am Köder herum. Erst wenn die Pose zügig auf eine Seite abzieht und abtaucht, spannst du die Schnur und hebst die Rutenspitze.

DIE WASSERKUGEL-MONTAGE

Jetzt möchte ich dir noch eine ganz besondere, sehr spannende Variante vorstellen, die ein wenig von der normalen Posen-Montage abweicht. Du kannst unter bestimmten Bedingungen deinen Köder auch direkt an der Wasseroberfläche schwimmen lassen. Die meisten Friedfische verbringen zwar viel Zeit dicht am Grund, aber einige von ihnen, z. B. **Döbel** und **Karpfen,** lassen sich, vor allem an sonnigen Tagen, direkt unter der Wasseroberfläche beobachten und dann auch fangen. Dazu wird ein schwimmender Köder, z. B. ein Stück Brotrinde auf einen Haken gespießt und in Richtung der vermuteten oder sogar gesichteten Fische ausgeworfen.

* GIEBEL *

Größe:
Meist 15 bis 25 cm, höchstens 45 cm.

Gewicht:
Bis 3 kg.

Laichzeit:
April bis Mai.

Beste Fangzeit:
Mai bis September.

Empfohlenes Angelgerät:
Leichte Posenangel.

Köder:
Made, Rotwurm, Teig.

Lebensraum:
Verkrautete Altwässer, Weiher, flache Seen, Flüsse mit träger Strömung. Tritt meist in Schwärmen auf.

Besonderheiten:
Kann mit Karausche verwechselt werden. Der Giebel hat aber eine schwarze Bauchinnenseite. Übrigens stammt der Goldfisch vom Giebel ab. Als Speisefisch ist erwegen der vielen Gräten nicht so beliebt.

Wasserkugel-Montage

Rechts oben: Brotstück am Haken. Durch die Rinde gesteckt hält der Haken besonders gut.

Mitte rechts: Das Brot treibt an der Oberfläche, jetzt heißt es warten, bis sich die Fische zeigen.

Unten rechts: Es hat geklappt, der stattliche Karpfen hat den Köder eingeschlürft und hängt sicher am Haken.

Unten: Die Montage mit sanftem Schwung auswerfen, damit sich das Brot nicht vom Haken löst.

Als Wurfgewicht dient dabei eine »Wasserkugel«. Das ist ein hohler Plastikball mit einer verschließbaren Öffnung, der halb mit Wasser gefüllt wird, um das nötige Wurfgewicht aufzubringen. Dabei darf er aber seine Schwimmfähigkeit nicht verlieren. Von einem alten Weiß- oder Toastbrot aus der Plastiktüte rupfst oder schneidest du ein etwa 2 bis 3 cm großes Stück von der zähen Rinde ab und steckst es als Köder auf den Haken. Die fertige Montage wirfst du dann mit einem sanften Schwung der Angelrute dorthin, wo die Fische sind. Die Hauptschnur hast du vorher mit Schnurfett behandelt, damit sie an der Oberfläche bleibt. Eine schwimmende Schnur erleichtert dir das Hakensetzen bei einem Anbiss. Außerdem reagieren manche Fische sehr empfindlich, wenn sie gegen eine abgesunkene Schnur schwimmen.

Liegt die Montage auf dem Wasser, wirfst du noch einige Weißbrotstücke als Lockfutter nach. Danach heißt es abwarten, ob die Fische das Angebot annehmen. Wenn sie dann plötzlich ganz nahe unter der Oberfläche entlang schwimmen und sich den Brotstückchen nähern, wird es sehr spannend. Nun musst du deinen Köder gut beobachten. Denke immer daran, die Wasserkugel ist keine Pose im eigentlichen Sinn.

*** KARPFEN ***

Größe:
Bis 100 cm.

Gewicht:
Bis 30 kg.

Laichzeit:
Mai bis Juli.

Beste Fangzeit:
August bis Oktober.

Empfohlenes Angelgerät:
Mittelstarke bis starke Rute zum Posen- und Grundangeln.

Köder:
Tau- und Rotwurm, Kartoffel, Mais, Brot, Teig, Boilies.

Lebensraum:
Langsam fließende oder stehende, wärmere Gewässer mit schlammigem Grund und reichlich Wasserpflanzen.

Besonderheiten:
Schuppen- und Spiegelkarpfen sind am häufigsten. Hier handelt es sich um einen Spiegelkarpfen. Sehr beliebter Angel- und Speisefisch.

Sie wird bei einem Biss nicht abtauchen, da die Schnur frei und ungehindert durch die Öse läuft. Sie hat nur die Aufgabe die Montage an der Oberfläche zu halten, zudem ist sie ein guter Fixpunkt, damit du deinen Köder nicht aus den Augen verlierst.
Es ist wahnsinnig aufregend einen großen Karpfen beim Einsammeln der einzelnen Brotstücke zu beobachten. Stülpt er dann sein rundes Maul über deinen Köder, musst du dich noch einen Moment beherrschen. Warte auf jeden Fall bis der Fisch sein Maul geschlossen hat und wieder abtaucht. Erst dann darfst du den Haken setzen. Zu einem früheren Zeitpunkt würdest du ihm eher den Köder aus dem Maul herausziehen, ohne dass der Haken Halt findet. Mit so einer Schwimm-Montage lassen sich

Beim Angeln mit dem Grundblei wird keine Pose verwendet. Den Anbiss bemerkt man, wenn der Fisch die Schnur abzieht, der Bissanzeiger an der Schnur reagiert oder einfach die Rutenspitze ausschlägt.

Grundblei und Futterkorb

Angeln mit dem Futterkorb hat den Vorteil, dass das Lockfutter immer direkt neben dem Köder zu liegen kommt. Es gibt verschiedene Ausführungen von Futterkörben. Dieser hier ist für eine klebrige Mischung aus Brotkrumen und Maiskörnern sehr gut geeignet. Zielfische sind z. B. Brachsen, große Rotaugen, Schleien, Karpfen.

Der gefüllte Futterkorb ist bereit zum Auswerfen. Zusammen mit der am Korb befestigten Bleieinlage stellt der Inhalt ein recht solides Wurfgewicht dar. Am Haken befinden sich in diesem Fall zwei Maiskörner. Dieser Köder wurde leicht in die Oberfläche der Futtermasse im Korb eingedrückt. So fällt der Köder beim Auswerfen nicht vom Haken und liegt am Gewässerboden wirklich genau neben dem Korb.

Eine einfache Grundmontage mit einem tropfenförmigen Grundblei statt einem Futterkorb, verwendet man z. B. für Aale oder Barben. Als Köder dienen dann ein paar Rotwürmer oder ein großer Tauwurm. Natürlich kann auch hier jederzeit z. B. eine Brachse oder ein Karpfen anbeißen.

Auf der rechten Seite liegen drei handelsübliche Grundbleie. Aber auch alte Schrauben und Muttern können den Köder am Boden fixieren. Vor allem in hindernisreichen Gewässern mit hoher Hängergefahr ist das die billigere Lösung.

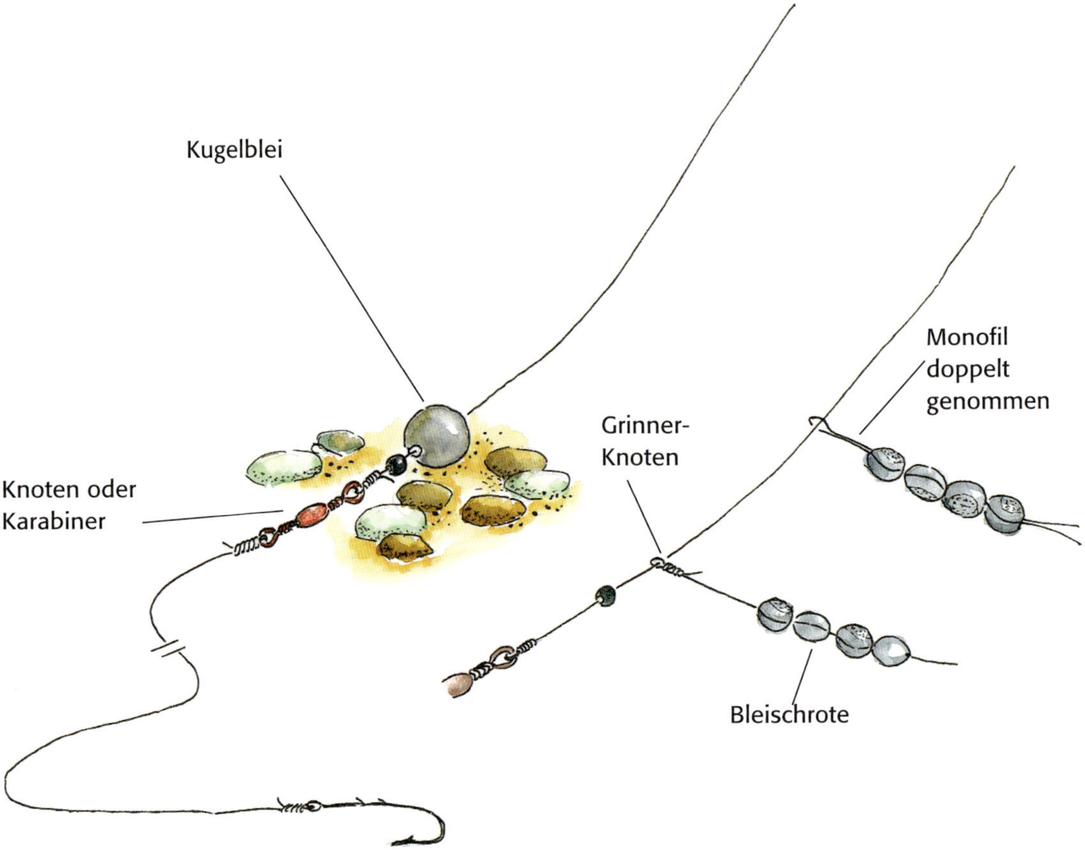

Spürmontage mit Kugelblei (links) oder die leichtere Ausführung mit Spaltschroten (rechts). Setzen sich die Schrote bei einem Hänger fest, gleiten sie vom Monofil und die Montage ist wieder frei.

außer Karpfen auch große Döbel und einige andere Fischarten fangen.

MIT DEM GRUNDBLEI

Obwohl das Angeln mit der Pose sehr viel Spaß macht, ist es manchmal notwendig den Köder direkt auf dem Grund eines Gewässers anzubieten. Das kann der Fall sein, wenn das Gewässer sehr tief ist und man auf eine Entfernung angeln möchte, die mit einer leichteren Posenmontage nicht erreicht werden kann oder auch, wenn in einem Fluss die Strömung den Köder dauernd wegtreibt. In solchen Fällen musst du ein Boden- oder Grundblei verwenden.

Das Grundblei

Wie bei den Posen gibt es verschiedene Ausführungen für unterschiedliche Anforderungen. Angeldistanz, schnelle oder langsame Strömung, bzw. harter, fester oder weicher schlammiger Grund haben Einfluss auf die Auswahl von Gewicht und Form des Bleis. Beim Auslegen kommt es auch auf eine möglichst genaue Platzierung an, denn der Köder soll dort zu liegen kommen, wo Brachsen, Schleien, Karpfen oder Barben ihre Nahrung suchen.
Du kannst aber nur Köder verwenden, die gut am Haken haften, eine Brotflocke würde sich vermutlich schon beim schwunghaften Auswerfen, spätestens aber beim Aufschlag aufs Wasser verabschieden. Oft verwendet man einen mit Blei beschwerten Futterkorb, in dem etwas Lockfutter eingebracht wird. So ist der richtige Köder immer nur einige Zentimeter vom Futterangebot entfernt.

Der Bissanzeiger

Den Anbiss bemerkst du über einen in die Schnur eingehängten Bissanzeiger, den du dir auch leicht selbst basteln kannst. Es gibt auch spezielle Ruten mit Zitter- oder Schwingspitze, die den feinsten Biss melden. Wenn dir das Angeln direkt am Grund gefällt, wirst du dir sicher bald eine solche Spezialrute zulegen. Während du die Rute in einem Rutenhalter abgelegt hast, kannst du dich derweilen ganz entspannt im Anglerstuhl zurücklegen und darauf warten, dass dein Bissanzeiger ein Signal gibt.

Die Spürangel

In einem Fließgewässer macht es Spaß den Köder mit einem leichteren Grundblei über den Boden zu bewegen und eine gewisse Strecke nach hungrigen Fischen absuchen. Dazu muss der Boden hart, z. B. kiesig und auch sonst hindernisfrei sein.
Als Beschwerung verwendest du ein Kugelblei oder ein paar Bleischrote am Seitenarm. Das Gewicht muss so abgestimmt sein, dass die Strömung das Blei mitnimmt und es sich nicht zu schnell irgendwo festsetzt. Falls es trotzdem passiert, zupfst du es wieder frei. Bei dieser Methode behältst du die leicht gestreckte Schnur zwischen den Fingern, um zu fühlen, ob sich ein Fisch für deinen Köder interessiert. Spürst du einen Ruck oder einfach nur zusätzlich Spannung auf der Schnur, setzt du den Haken. Für nicht zu schwere Grundbleimontagen ist auch die Posenrute geeignet. Für schwerere Bleie in stärkerer Strömung benötigst du aber eine stärkere Rute.

Tipp!

Für Bissanzeiger, die als »Bobbin« in die Schnur zwischen die Ringe der abgelegten Rute eingehängt werden, eignen sich die verschiedensten Gegenstände. Zur Not tut es auch ein Kugelschreiber oder ein angeknetetes Teigbällchen aus dem Ködervorrat. Alte Fotofilmdöschen werden mit einem Drahthäkchen versehen und können durch Befüllung mit Sand unterschiedlich beschwert werden.

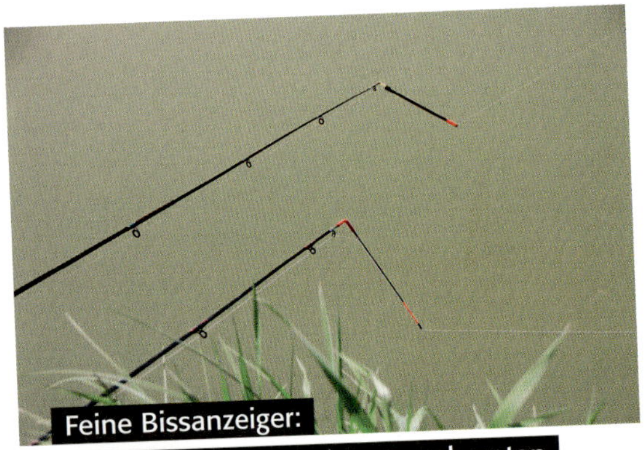

Feine Bissanzeiger:
Die »Schwingspitze« hängt nach unten und richtet sich bei einem Anbiss nach vorne auf.

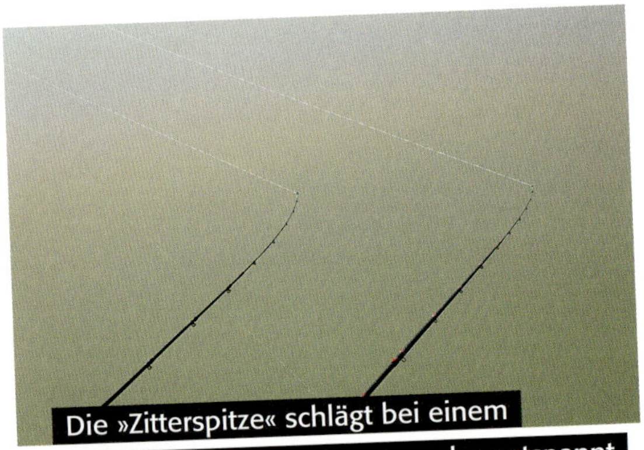

Die »Zitterspitze« schlägt bei einem Anbiss entweder weiter aus oder entspannt sich. Beide Anzeiger musst du ständig im Auge behalten.

Größe:
15 bis 30 cm (max. 40 cm).

Gewicht:
Bis 1,0 kg.

Laichzeit:
April bis Mai.

Beste Fangzeit:
Juni bis September.

Empfohlenes Angelgerät:
Leichte Posenangel (Stipprute), feine Schnur und kleiner Haken.

Köder:
Maden, Rotwurm, Teig, Brot.

Lebensraum:
Strömungsarme Bereiche mit Wasserpflanzen. Schwarmfisch.

* ROTAUGE *

Besonderheiten:
Rote Augen. Beginn der Rückenflosse sitzt senkrecht über dem Beginn der Bauchflossen (vergleiche mit Rotfeder).

Ein eingehängter »Bobber« zieht die Schnur zwischen Rolle und ersten Führungsring nach unten. Wenn ein Fisch beißt, strafft er die Schnur und der Bobber steigt auf. Hinschauen musst du auch hier.

* ROTFEDER *

Größe:
20 bis 30 cm (max. 35 cm).

Gewicht:
Bis 1,5 kg.

Laichzeit:
April bis Mai.

Beste Fangzeit:
Juni bis September.

Empfohlenes Angelgerät:
Leichte Posenangel (Stipprute), feine Schnur und kleiner Haken.

Köder:
Maden, Rotwurm, Teig, Brot.

Lebensraum:
Strömungsarme Bereiche mit Wasserpflanzen. Schwarmfisch.

Besonderheiten:
Schwimmt gerne nahe der Wasseroberfläche. Die Rückenflosse beginnt etwas hinter dem Ansatz der Bauchflossen (vergleiche mit Rotauge).

WAS GEHÖRT NOCH ZUM GRUNDANGELN?

Um all die notwendigen Kleinteile unterzubringen verwendest du am besten einen **Gerätekoffer.** Dazu genügt auch ein preiswertes Werkzeugkoffer-Modell aus dem Baumarkt. Außerdem darfst du natürlich den Kescher, das Landenetz, nicht vergessen. Solltest du mehrere Ruten mit ans Wasser nehmen, ist eine Rutentasche für den Transport recht angenehm. Ein guter **Campingstuhl** macht dir den Aufenthalt bequemer, und sehr zu empfehlen ist ein **Regenschutz.** Schließlich ist gerade im Sommer bei leichtem Regen das Angeln oft sehr erfolgreich. Also, **Gummistiefel** und wasserdichte **Regenjacke** nicht vergessen.

Ein Koffer für die vielen Kleinteile, die du für das Grundangeln brauchst, kann auch aus dem Baumarkt stammen und eigentlich für Schrauben und Nägel gedacht sein.

Da kommt schon was zusammen.
Sieht aus, als wäre man auf dem Weg zum Flughafen. Dabei geht's nur zum Angeln.

Jetzt erst mal entspannen. Der Köder liegt draußen und bis ihn die Karpfen finden, wird gefrühstückt. Die Pose ist dabei immer im Blick.

So ein großer Anglerschirm ist eine feine Sache. Er schützt vor Regen aber auch vor zu viel Sonne. Er sollte nur groß genug sein, damit man auch zu zweit drunter passt. Dann ist es weniger langweilig, wenn nichts beißen will.

ANGELN AUF RAUBFISCHE

Raubfische haben auf Angler schon immer einen besonderen Reiz ausgeübt. Vielleicht vor allem deswegen, weil sie irgendwie geheimnisvoll und gefährlich wirken. Außerdem ist es immer ungewiss, wie groß der Fisch sein wird, der letztlich an den Haken geht. Ein Hecht kann weit über einen Meter lang werden und dann um die 15 kg wiegen. Welse werden noch viel schwerer.

Welche Köder sind bei Raubfischen angesagt?

DER KÖDERFISCH

Einer der besten Köder ist ein kleiner Fisch. Wenn du Barsche oder Zander fangen willst, wirst du kleine unter 10 cm lange Fischchen wie Elritzen, Mühlkoppen, Gründlinge oder kleine Rotaugen verwenden. Auch Aale und die räuberischen Weißfische, Döbel und Rapfen, mögen sie. Vielleicht hat dir ein großer Hecht sein Versteck verraten, als er mit einem Riesenschwall an der Wasseroberfläche geraubt hat. Ihm wirst du sicher einen größeren Happen anbieten. Für ihn ist ein 20 cm langes Rotauge die bessere Versuchung als ein 7 cm langer Gründling.

Köderfische dürfen nur im toten Zustand an den Haken kommen. Alles andere wäre Tierquälerei und ist deshalb in Deutschland zu Recht verboten. Ich töte meine Köderfische einfach und schnell, indem ich sie mit Wucht auf festen Boden schleudere.

Größe:
Bis 300 cm.

Gewicht:
Bis 150 kg.

Laichzeit:
Mai bis Juni.

Beste Fangzeit:
Mai bis Oktober.

Empfohlenes Angelgerät:
Starke Grund- oder Spinnrute.

Köder:
Tote Köderfische, Hühnerdärme, Blutegel, Blinker, Spinner.

Lebensraum:
Größere Flüsse und Seen mit Versteckmöglichkeiten.
Lebt vorwiegend am Grund, kommt bei nächtlichen Raubzügen jedoch zur Oberfläche.

* WELS *

Die notwendigen Köderfische hast du mit der kurzen leichten Stipprute gefangen. Vielleicht hast du auch gleich einen Vorrat in einer Gefriertruhe eingelagert. Erscheint ein Fisch für den Zweck als zu groß, wird er halbiert und, z. B. nur sein hinterer Teil, also das Schwanzstück, auf den Haken gezogen.

Jetzt zum Gerät. Wenn du tatsächlich öfter die Gelegenheit hast auf größere Raubfische, wie eben Hechte, zu angeln, wirst du dir irgendwann eine stärkere etwa 3 bis 3,30 m lange Rute zulegen. Ideal ist auch eine kräftige Karpfenrute. Die verwendete Schnurstärke sollte etwa 0,35 bis 0,40 mm betragen. Das ist übrigens auch eine gute Ausrüstung zum Aalangeln in hindernisreichen Gewässern, wo du vielleicht auch mit einem Wels rechnen kannst.

Mit der Pose

Der Aufbau einer Köderfischmontage sieht prinzipiell so aus wie eine Posenmontage für Friedfische. Nur ist alles ein wenig stärker ausgelegt. Wenn die Chance besteht, dass ein Hecht den Köderfisch schnappt, musst du auf jeden Fall ein kräftiges Stahlvorfach verwenden. Ein Monofilvorfach würde er mit seinen scharfen Zähnen einfach durchschneiden. Verwende keine Drillinge, sondern einen stabilen Einzelhaken.

Größe:
Bis 150 cm.

Gewicht:
Bis 25 kg.

Laichzeit:
März bis Mai.

Beste Fangzeit:
Juni bis September.

Empfohlenes Angelgerät:
Mittelstarke bis starke Hecht- oder Spinnrute. Auch Fliegengerät.

Köder:
Blinker, Spinner, Wobbler, toter Köderfisch am System, große Streamer.

Lebensraum:
Fast überall vorkommend, außer in kleinen Bächen. Meidet stärkere Strömung, sucht sich einen festen Standplatz mit Tarnmöglichkeit und stößt blitzschnell aus dem »Hinterhalt« zu.

* HECHT *

Bei der Montage für stehendes Gewässer wird der große Einzelhaken unter der Rückenflosse des toten Köderfisches hindurchgeführt.

Die Hechtpose liegt im Moment noch ruhig im Wasser. Übrigens: mit dieser auffälligen Kleidung solltest du dich bei klarem Wasser nicht zu nah am Ufer aufhalten und schnelle Bewegungen vermeiden.

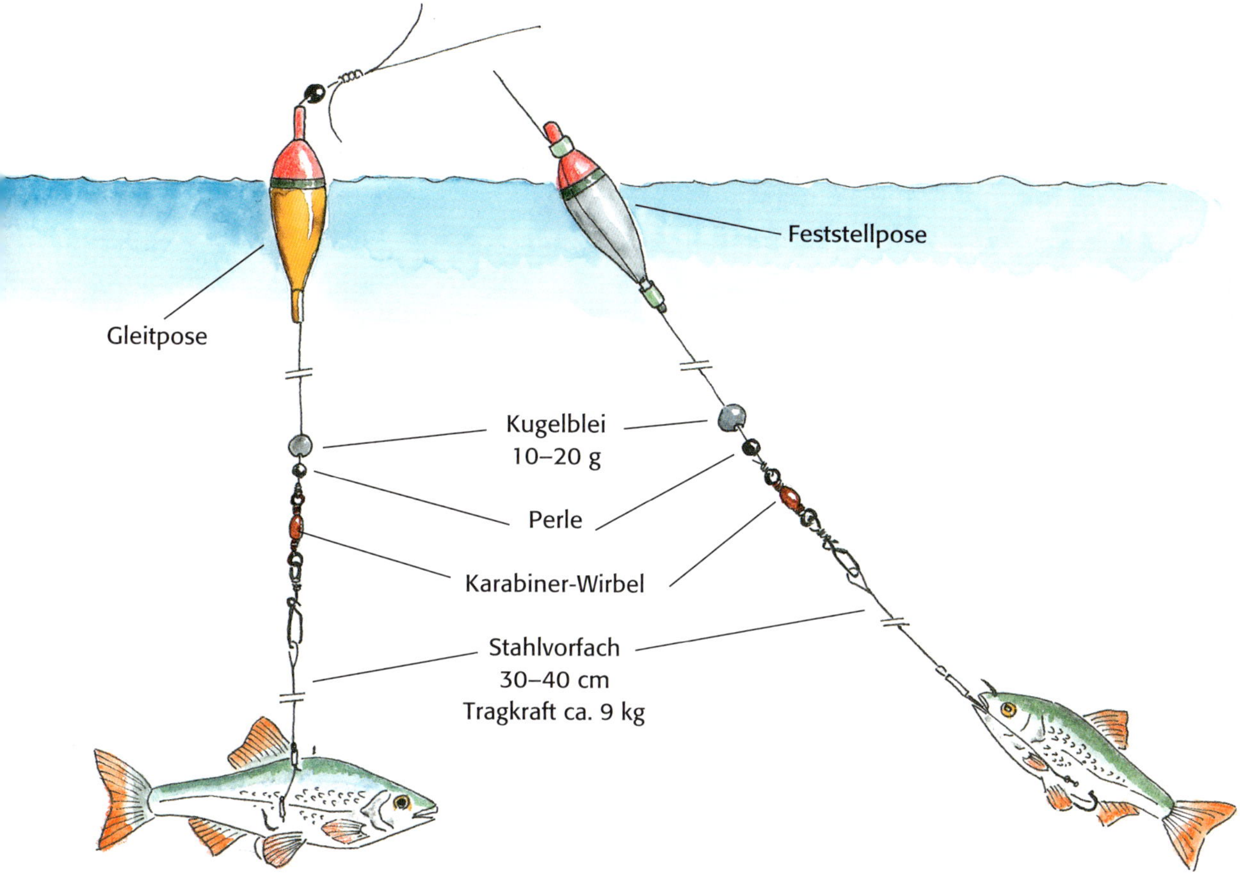

Links: Montage für stehende oder langsam fließende Gewässer.
Rechts: Montage für Fließgewässer. Der Fisch spielt so natürlicher in der Strömung.

Mit dem Grundblei

Möchtest du Aal oder Zander fangen, ist eine Grundblei-Montage oft die richtige Strategie. Damit wird ein kleiner Köderfisch direkt auf den Gewässerboden gelegt. Steckt man ihm einige Styroporkügelchen über den Schlund in seine Bauchhöhle, schwebt er über dem Boden und fällt besser auf. Steche mit der Ködernadel durch die Schwanzwurzel und ziehe den Fisch auf das Vorfach und den Einzelhaken. Die Hakenspitze ragt dann aus dem Schwanzansatz heraus. Da Raubfische ihre Beute immer mit dem Kopf voran schlucken, wird der Haken weiter vorne im Kiefer sitzen und nicht im Schlund des Räubers. So kannst du z. B. einen untermaßigen Zander besser vom Haken lösen.

Tipp!

Lege die kleinen Köderfische für deinen Vorrat nebeneinander auf ein Stück Pappe und gib sie dann in die Tiefkühltruhe. Auf diese Weise gefrieren sie nicht aneinander fest und du kannst sie bei Bedarf einzeln entnehmen.

Suche mit der Spinnangel erst die Uferzone vor deinen Füßen ab. Links das Schilf und rechts der abgebrochene Baum mit der im Wasser liegenden Krone sind gute Fischstandplätze.

Größe:
bis 120 cm.

Gewicht:
bis 15 kg.

Laichzeit:
April bis Mai.

Beste Fangzeit:
Juni bis Oktober.

Empfohlenes Angelgerät:
Mittelstarke Spinn-, Posen- und Grundangel.

Köder:
Kleine Spinner, Wobbler, kleine Beutefische in Grundnähe.

Lebensraum:
Größere Flüsse und Seen mit trübem Wasser und hartem Grund. Heimisch in Osteuropa. Seit 1885 bei uns eingebürgert.

* ZANDER *

Mit einem Boot bist du fein raus, weil du alle vielversprechenden Angelplätze direkt anfahren kannst. Dieser Hecht fiel auf einen Bleikopf mit Gummischwanz herein.

Größe:
bis 55 cm.

Gewicht:
bis 3 kg.

Laichzeit:
April bis Mai.

Beste Fangzeit:
Juli bis Oktober.

Empfohlenes Angelgerät:
Leichte Spinn- und Posenangel. Auch Flugangel.

Köder:
Würmer, Maden, kleine tote Fische und Spinner, Nymphen und kleine Streamer.

* BARSCH *

Lebensraum:
Weit verbreitet in Flüssen und Seen. Versteckt sich gerne zwischen Wasserpflanzen.

KÜNSTLICHE KÖDER

Eine weitere Möglichkeit Raubfische zu fangen ist der Einsatz von Kunstködern. Eine sehr beliebte Art des Angelns. Du bist an keinen festen Angelplatz gebunden und wanderst mit wenig Gepäck am Wasser entlang. Du brauchst nur deine Rute, eine Dose mit ein paar unterschiedlichen Spinnködern und ein Landenetz zum Umhängen. Schon bist du bereit, deinen Köder überall dort auszuwerfen, wo es dir lohnend erscheint.
Nach dem Auswerfen lässt du den Köder bis zur gewünschten Tiefe absinken und holst ihn dann durch Einholen der Schnur wieder zu dir zurück. Einige Köder rotieren dabei um ihre eigene Achse, daher auch der Ausdruck **Spinnangeln** für diese Angelart. »Spinnen« heißt ja nichts anderes als »drehen«. Dadurch reizen diese Köder die Raubfische zum Anbiss.

Wenn du ein Angelgeschäft betrittst, werden dir sofort die vielen Stellwände mit Kunstködern in allen Formen, Größen und Farben auffallen. Die wichtigsten sind **Spinner, Blinker, Wobbler** und **Gummifische.** Für verschiedene Fischarten wirst du auch verschiedene Köder in unterschiedlichen Gewichten und Größen verwenden.

Spinner

bestehen aus einem Längsstab, auf welchem ein frei drehbares, flaches, löffelförmiges Blatt angebracht ist. Beim Einholen rotiert dieses Blatt durch den Strömungsandruck um die Längsstab. Der entstehende Wasserdruck wirkt vor allem auf das **Seitenlinienorgan** eines Raubfisches. Deshalb eignen sich Spinner auch für eingetrübtes Wasser, wenn der Fisch den Köder nicht so gut sehen, aber seine Bewegung spüren kann. Im stillen Wasser eines Sees verwendet man größere ovale Blätter, in schnell strömenden Gewässern eher längliche, lanzettförmige.
Die Drehbewegung des Spinnerblatts bleibt allerdings nicht nur auf die Köderachse beschränkt, sondern überträgt sich relativ schnell auf die Schnur. Dieser lästige »Schnurdrall« kann durch das Zwischenschalten guter Wirbel und eines so genannten **Antikinkplättchens** weitgehend reduziert werden. Kleinere Spinner in der Größe zwischen 0 und 3 eignen sich für **Barsch, Zander, Forelle und Döbel,** mit **größeren Spinnern** gehst du gezielt auf **große Hechte.** Aber wundere dich nicht, auch ein 10-Kilo Hecht schnappt mitunter nach einem Mini-Spinner.

Blinker

gehören zu den ältesten Kunstködern überhaupt. Eigentlich ist es nur ein Metallplättchen, das ein bisschen wie ein Löffel geformt ist. Deswegen werden Blinker tatsächlich auch »Löffel« genannt. Ziehst du so einen solchen Löffel taumelnd durch das Wasser, wird er den Raubfischen ein krankes oder verletztes Fischchen vorgaukeln. Einen Blinker kannst du durch Auf- und Abbewegen der Rutenspitze besonders lebhaft führen.

Wobbler

sind sehr lebensecht wirkende Köder aus Kunststoff oder Holz. Sie bewegen sich mit flatternden seitlichen Ausschlagbewegungen und manche sehen wirklich aus wie ein kleines Fischchen. Es gibt sie in schwimmender und sinkender Form. Ich finde die schwimmenden Ausführungen wegen ihrer Vielseitigkeit am besten, sie eignen sich für flaches und tieferes Wasser. Am Kopf eines Wobblers fällt die Tauchschaufel auf. Sie sorgt dafür, dass der Köder bei Zug abtaucht. Lässt man locker, kommt er wieder hoch. Auf diese Weise kannst du den Wobbler sehr verführerisch bewegen.

Verschiedene Spinnköder

1 Spinner mit Gummischwanz.
Die Verbindung zwischen rotierendem Spinnerblatt und langem Gummischwanz finden viele Fische attraktiv. In verschiedenen Größen für Forelle bis Hecht erhältlich.

2 Blinker.
Klassischer Typ. Aufgrund seiner flachen Form und seines Gewichtes kann er sehr weit ausgeworfen werden.

3 Wobbler.
Die schlanke Form führt beim Einholen zu sehr lebhaften, verführerischen Bewegungen.

4 Schwimmender Wobbler mit verstellbarer Tauchschaufel.
Je steiler die Schaufel nach unten steht, desto höher läuft der Köder.
Steht sie flach nach vorne, taucht er in die Tiefe.

5 Spinner-Bait.
Kommt aus den USA. Eigentlich für Schwarzbarsch gedacht, fängt er bei uns auch Hechte. Der große Einzelhaken ist mit einem Krautabweiser versehen, so dass man diesen Köder auch direkt durch Pflanzenbetten führen kann, ohne gleich hängen zu bleiben.

Raubfische können ihre Beute nicht nur sehen, sondern deren Bewegungen über ein bestimmtes Nervensystem, das entlang ihrer Seitenlinie verläuft, auch orten. So findet ein Hecht seine Beute auch im trüben Wasser. Viele Kunstköder sind so konstruiert, dass sie möglichst lebensechte Bewegungen von sich geben. Raubfische schwimmen dann gerne über eine längere Strecke hinter dem Köder her, bis sie zupacken.

Das passiert oft kurz bevor du den Köder aus dem Wasser heben willst. Sei also auf alles gefasst.

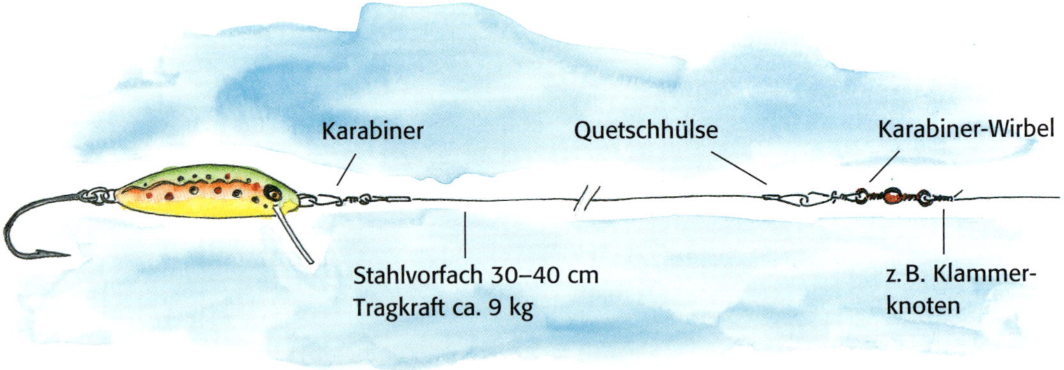

Wähle deinen Kunstköder mit Bedacht und baue das Vorfach sorgfältig zusammen. Wenn in einem Gewässer Hechte vorkommen, solltest du ein Stahlvorfach verwenden, dass der Hecht nicht durchbeißen kann.

Feine Stahlseide mit etwa 8 bis 9 kg Tragkraft ist gut geeignet. Du kannst den Köder direkt mit einem Achterknoten (siehe Seite 35) an die Stahlseide binden oder einen Karabinerwirbel zwischenschalten. Statt mit einem Knoten kannst du auch mit Quetschhülsen arbeiten.

Bleikopf-Jigs mit Gummischwänzchen sind gut geeignet zum mehr oder weniger senkrechten Fischen von einer Ufermauer herab oder von einem Boot aus. Durch kurze Ruckbewegungen vollführen die Gummischwänzchen verführerische Sprünge.

Jerk-Baits

sind Wobbler ohne Tauchschaufel, die durch ruckartige Bewegungen mit der Rutenspitze sprunghaft durch das Wasser gezogen werden.

Gummiköder, Jigs

kommen ursprünglich aus den USA, wo sie vor allem für die dort heimischen Schwarzbarsche eingesetzt werden. Aber auch unsere **Barsche, Hechte, Zander** und **Forellen** stehen auf diese weichen Kunstköder. Die ultrabeweglichen Wackelschwänze aus Weichplastik stecken auf einem Einfachhaken mit Bleikopf und werden meist ruckartig und in kurzen Sprüngen durch das Wasser geführt. Dabei lässt man sie oft auf den Boden aufhüpfen, wo sie kleine Schlammwolken aufwirbeln.

Tipp!

Wenn du zum Anknüpfen eines Bleikopf-Jigs den so genannten »Non-Slip-Mono-Knoten« verwendest, hängt der Köder in einer offenen, feststehenden Schlaufe. Damit wird sich der Jig besonders lebhaft im Wasser bewegen.

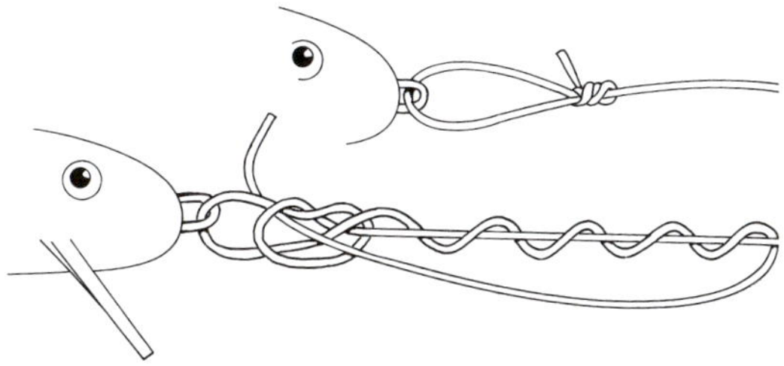

Non-Slip-Mono-Knoten

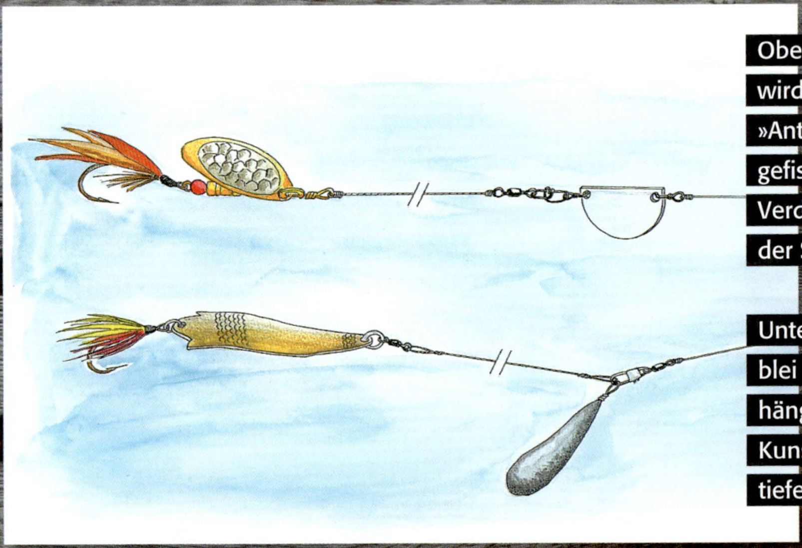

Oben: Dieser rotierende Spinner wird mit einem so genannten »Antikinkplättchen« im Vorfach gefischt. Es soll das Risiko von Verdrehungen (Schnurdrall) in der Schnur verhindern.

Unten: Hier wurde ein Tropfenblei in den Vorfachwirbel eingehängt. Dadurch kann ein leichter Kunstköder weiter geworfen und tiefer gefischt werden.

Drillinge an Kunstködern schaden jungen Raubfischen. Wäre diese Forelle noch am Leben, könnte sie nicht ohne schwere Verletzungen vom Drilling gelöst werden.

WELCHE FARBE?

Kunstköder gibt es in allen Farben. Bei Metallködern wie Blinker und Spinner sind Silber und Gold die Favoriten. Du solltest immer einige davon in deiner Köderbox dabei haben. Aber nimm auch einige andere Farben mit. Ein bisschen Rot ist dabei immer gut, um einen verletzten Kleinfisch darzustellen. Auch grelle Farben wie Orange, Gelb oder Neongrün können vor allem in trübem Wasser punkten. Wenn du aber abends und in die Nacht hinein angelst, sind sogar schwarze Köder gut. Ja, du hast richtig gelesen: Schwarz! Wenn Fische von unten gegen den für sie helleren Nachthimmel über der Wasseroberfläche blicken, erkennen sie die Silhouette eines dunklen Köders nämlich besser als die eines hellen.

Die Sache mit dem Drilling

Fast alle Kunstköder sind mit Drillingshaken ausgestattet. Selber fische ich schon seit vielen Jahren grundsätzlich überhaupt nicht mehr mit Drillingen und ich empfehle dir es auch nicht zu tun. Der Grund ist folgender: Natürlich ist es in Ordnung, wenn du einen großen Fisch mit einem Drilling hakst und landest. Diesen Fisch willst du ja in aller Regel schnell töten und mit nach Hause nehmen, um in dort in der Küche zu verwerten. Also ist es prinzipiell egal mit welchem Haken du ihn gefangen hast. Aber es gibt sehr viel mehr kleine Fische als große und deswegen wird sehr oft ein zu kleiner Fisch an deinem Haken zappeln. Er hat das Mindestmaß noch nicht erreicht und muss deshalb schonend zurückgesetzt werden. Du wirst dann sofort feststellen, wie schwierig es ist, einen Drillingshaken aus dem Maul eines um sich schlagenden Fisches zu lösen, ohne ihn zusätzlich zu verletzen. Oft wurde ihm durch die drei Hakenspitzen regelrecht das Maul zugenagelt. Das ist der Grund, warum ich keine Drillingshaken verwende und auch nach dem Kauf eines Kunstköders den **Drilling immer gegen einen passenden Einzelhaken austausche.** Eine zusätzliche, angenehme Nebenerscheinung ist, dass man mit einem Einzelhaken viel weniger an irgendwelchen Hindernissen hängen bleibt, als mit einem Drilling. So schonst du nicht nur die Fische, sondern auch deinen Geldbeutel. In einem guten Angelfachgeschäft wird man dir helfen, passende Einzelhaken mit einem großen Öhr zu finden, durch das ein Springring passt.

Manchmal wird angeregt von einem Drilling zwei Haken abzuklemmen, um einen Einzelhaken zu erhalten. Dieser »Resthaken« ist im Verhältnis zum Köder aber meistens zu klein und größere Fische bleiben schlecht hängen. **Also:** Nicht empfehlenswert!

So vermeidest du Fehlbisse: Der Hakenbogen des Einzelhakens soll fast so groß sein wie der Durchmesser des ausgetauschten Drillings.

GERÄT UND MONTAGE

Zum Angeln mit Kunstködern eignen sich Ruten in der Länge von 1,80 m bis 2,60 m in einem Wurfgewicht von 25 bis 50 g. Die Schnurstärke liegt etwa bei 0,25 mm bis 0,30 mm. Wer es auf schwere Fische abgesehen hat, sollte Schnurstärke 0,35 mm bis 0,40 mm wählen. Für das Spinnangeln ist ebenfalls die Stationärrolle ideal, mit ihrer Hilfe kannst du einen Kunstköder besonders einfach und schnell hintereinander auswerfen.

»Spinnen« in der Praxis

Gehe nie ans Wasser und werfe deinen Kunstköder einfach irgendwohin. Viele Anfänger machen den großen Fehler den Köder gleich zu Beginn so weit wie möglich hinauszuschleudern. Sie glauben die großen Fische würden sich ganz weit draußen aufhalten. Viele Raubfische schwimmen aber näher am Ufer, weil hier die meisten Klein- und Jungfische unterwegs sind. Ein großer Fisch kann also durchaus direkt vor deinen Füßen auf dich warten. Das gilt besonders für Hechte, die ihren Einstand oft ganz dicht am Ufer haben. Erst wenn du den Uferbereich sorgfältig abgefischt hast, kannst du weiter auswerfen und das Gewässer fächerartig absuchen.
Halte beim Einholen des Köders die Rutenspitze eher tief, aber etwas seitlich schräg nach vorne. Damit hast du einen direkteren Kontakt zum Köder, als wenn die Rute schräg nach oben weisen würde. Durch die seitliche Haltung der Rute, etwa in einem 45 bis 90-Grad Winkel zur Schnur, kannst du harte Anbisse größerer Fische gut abfedern.
Bewege deinen Köder mit Phantasie. Versuche möglichst die unregelmäßigen Bewegungen eines verletzten Kleinfisches nachzuahmen. Das gelingt dir durch ruckende Bewegungen mit der Rutenspitze und wechselnde Einzugsgeschwindigkeiten. Befindet sich der Köder bereits sehr nahe am Ufer, lässt du ihn sporadisch durch entsprechende Bewegungen mit der Rute immer wieder zur Seite hin ausbrechen.

Pass gut auf!

Vor allem Hechte haben die Angewohnheit den Köder bis kurz vor das Ufer zu verfolgen und dann erst zuzuschlagen.
Deshalb solltest du jeden Wurf bis möglichst nahe vor deine Füße ausfischen. Oft explodiert das Wasser erst fast unter der Rutenspitze, wenn du den Köder eben aus dem Wasser heben möchtest.

Wenn du den Bereich nah am Ufer sorgfältig abgefischt hast, kannst du deinen Köder auch weiter auswerfen. Für weite Würfe eignen sich besonders Blinker und Bleikopf-Jigs.

Mit gesenkter Rutenspitze und kurzen Rucken lässt du den Köder an kurzer Leine immer wieder seitwärts ausbrechen. Halte dabei die Rute im Winkel zur Schnur, damit sie einen kräftigen Anbiss abfedern kann.

Fliegenfischen auf Döbel ist eine spannende Sache. Kleine Exemplare sind leicht zu fangen. Je größer und älter sie sind, desto schwieriger wird es.

FLIEGENFISCHEN

Jetzt kommen wir zu einer besonders eleganten Methode, um einen Fisch an den Haken zu bekommen.

Vielleicht hast du schon einmal gesehen, wie ein am Wasser stehender Angler seine weiße, gelbe oder grüne Schnur in der Luft hin und her schwingt. Dieser Angler ist gerade dabei den Fischen eine kleine künstliche Fliege vorzusetzen.
Manchmal werde ich gefragt, wie denn ein Fisch so schnell nach einer durch die Luft sausenden künstlichen Fliege schnappen kann. Natürlich tut er das nicht. Die Fliege muss selbstverständlich auf oder im Wasser abgelegt werden, erst dann kann sie der Fisch auch wirklich wahrnehmen.

WARUM FISCHE FLIEGEN FRESSEN

Wie kommt es überhaupt, dass sich Fische von einer kleinen künstlichen Fliege verlocken lassen? Viele Insekten, die wir in der warmen Jahreszeit über dem Wasser schwärmen sehen, **leben als Larve im Wasser.** Diese Larven gehören zur Hauptnahrung vieler Fischarten. Sind sie erwachsen genug, um sich in **fliegende Insekten zu verwandeln,** schwimmen sie zur Wasseroberfläche. Der Weg dorthin ist für sie äußerst gefährlich, denn sobald sie ihre Verstecke am Gewässerboden verlassen haben, werden sie für die Fische sichtbar und sind ihren Angriffen hilflos ausgeliefert. Da die Insekten aber oft in großen Massen schlüpfen, schaffen es viele bis unter die Wasseroberfläche. Hier öffnet sich die **Larve** oder **Nymphe** und das fertige Fluginsekt schlüpft heraus. Einige sitzen noch eine Weile auf der Wasserober-

fläche und lassen ihre Flügel trocknen. Jetzt kannst du beobachten, wie manche Fische diese Fliegen einsammeln. Du siehst plötzlich Wellenringe auf der Oberfläche, so als wäre ein schwerer Regentropfen oder sogar ein kleiner Stein ins Wasser gefallen. Ein Fliegenfischer sagt jetzt:
Die Fische steigen. Er wird nun eine passende **Trockenfliege** an sein Vorfach knüpfen und sie den Fischen anbieten. Aber auch Lebensabschnitte der **Larve** am Gewässerboden und die aufsteigende **Nymphe** werden von Fliegenfischern nachgebildet und dann unter Wasser präsentiert. Auch Nachbildungen von kleinen Beutefischen, sogenannte **Streamer,** werden beim Fliegenfischen eingesetzt.

Früher fischte man hauptsächlich auf Forellen und Äschen mit der Fliege, tatsächlich lassen sich aber viele Fische damit fangen. Z.B. Döbel, aber auch Rotaugen, Rotfedern, sogar Brachsen und Karpfen und tatsächlich auch Barsch, Hecht oder Zander. So ist es tatsächlich möglich, an vielen unterschiedlichen Gewässern mit einer Fliege zu fischen. Dass es dazu unbedingt einen glasklaren Forellenbach braucht, wie manche glauben, stimmt nicht.

Größe:
Bis 80 cm.

Gewicht:
Bis 4 kg.

Laichzeit:
April bis Mai.

Beste Fangzeit:
Juni bis August.

Empfohlenes Angelgerät:
Feine Posen-, Grund-, Spinn- und Fliegenangel.

Köder:
Maden, Käse, Würmer, Brot, Kirschen, kleine Spinner und Wobbler, künstliche Fliegen.

Lebensraum:
Bäche, Flüsse und Seen.
Neigt zur Schwarmbildung, im Sommer nahe der Oberfläche.

Besonderheiten:
Größere Exemplare sind sehr scheu.

* DÖBEL *

Eine frisch aus der Nymphenhaut geschlüpfte Eintagsfliege lässt, auf dem Wasser sitzend, ihre Flügel trocknen. In diesem Stadium ist sie den Fischen hilflos ausgeliefert.

Ein Fisch ist »gestiegen« und hat eine auf der Wasseroberfläche treibende Fliege geschnappt.

Das dünne Vorfach treibt auf der Wasseroberfläche. Ganz oben links kannst du die Trockenfliege sehen.

Hier hat ein kleines Rotauge nach der künstlichen Fliege geschnappt. Mal sehen, vielleicht schwimmen auch größere Fische in diesem See.

Verschiedene Fliegentypen und ihr Einsatz

Reihe 1 Trockenfliegen

Reihe 2 Nassfliegen

Trockenfliegen sind besonders erfolgreich, wenn gerade viele Fliegen auf der Wasseroberfläche abtreiben. Am besten wäre es, wenn du eine davon näher betrachten könntest. Besorge dir dafür einen kleinen feinmaschigen Aquariumskescher, den du immer mit dir führst. Wähle dann aus deiner Fliegendose eine künstliche Fliege, die so ähnlich aussieht und vor allem in etwa gleich groß ist wie ihr

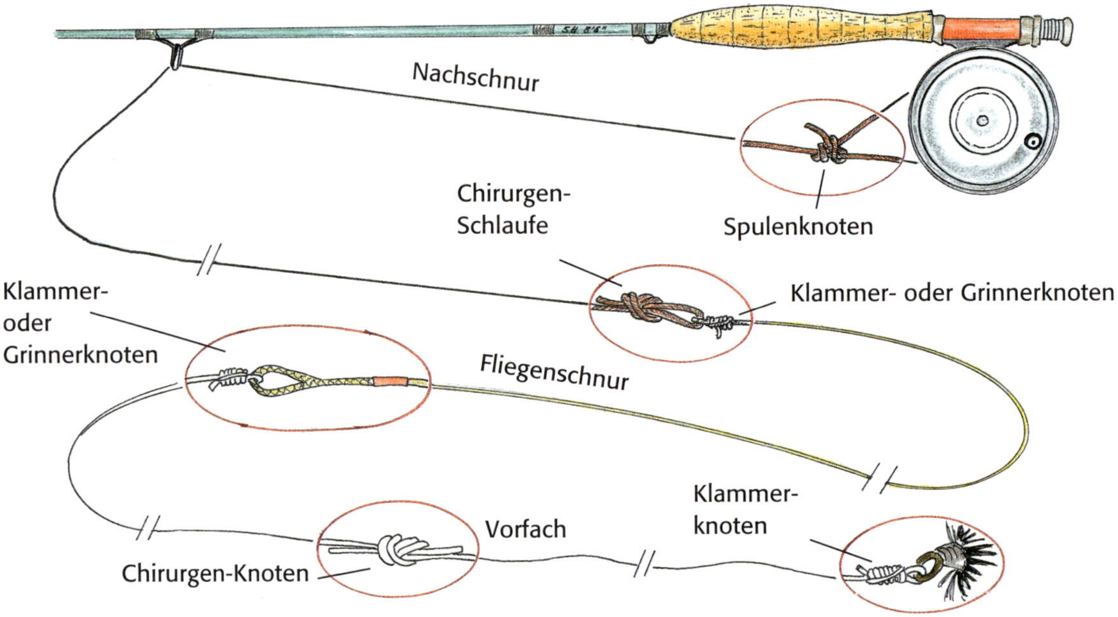

Von der Rolle bis zur Fliege: Hier siehst du alle Verbindungen mit welchen du Nachschnur (Backing), Fliegenschnur und Vorfach sicher zusammenfügst.

Die obere Rute ist 9 Fuß und 6 Zoll lang (2,90 m) und für Schnurklasse (AFTMA) 8 bis 9 geeignet. Das ist zwar das richtige Gerät zum Angeln mit großen Streamern auf Hechte, aber für dich noch zu schwer.
Die untere Rute ist 9 Fuß (2,75 m) und für die Schnurklasse 5 ausgelegt. Für dich die ideale Rute. Auch eine etwas kürzere Länge von 8′6″ (also 8 Fuß 6 Zoll bzw. 2,60 m) und AFTMA 5 wäre vollkommen in Ordnung.

DAS FLIEGENGERÄT

Zwar lassen sich auch am herkömmlichen Angelgerät Fliegen verwenden. Mit einer halbgefüllten Wasserkugel als Beschwerung kann man die gewichtslosen Fliegenmuster viele Meter weit werfen. Aber wer **richtig** Fliegenfischen will, braucht eine spezielle Grundausrüstung. Sie besteht aus einer **Fliegenrute, Fliegenrolle** und der Fliegenschnur. Die Rolle sitzt im Gegensatz zu normalen Ruten **unterhalb des Rutengriffs.** Die Fliegenrolle ist eine einfache Achsrolle und weitaus unkomplizierter als eine Stationärrolle. Sie wird auch weniger zum Drillen eines Fisches benutzt, sondern in erster Linie nur zur Aufbewahrung der Schnur verwendet. Benötigt man zum Auswerfen mehr Schnur, wird sie zuvor mit der Hand abgezogen. Die **Schnur** ist das Wurfgewicht, mit welchem die eigentlich gewichtslosen Fliegen durch die Luft bewegt werden. Dazu muss das Gewicht der ersten 9 m der Schnur auf die Rute abgestimmt sein. Es gibt Fliegenruten in verschiedenen Stärken und Längen für verschiedene Schnurgewichte. Niedrige Schnurgewichte brauchen wir an kleineren Gewässern und für kleinere Fliegen, höhere Schnurgewichte für größere Fliegen, größere Gewässer und größere Fische. Diese Schnurgewichte werden in einer Skala dargestellt, der so genannten **AFTMA**-Skala. Für normales Fliegenfischen auf Forellen, Döbel usw. ist die Nummer 5 oder 6 richtig. Zum Hechtfang werden große Streamer als Nachahmung eines Beutefisches eingesetzt. Um diese in der Luft kontrolliert zu bewegen, ist eine Schnurklasse von 8 bis 9 nötig. Für den Anfang empfehle ich dir eine Ausrüstung in der Klasse 5. Damit kannst du gut das Werfen lernen und viele Fische fangen. Auch Große.

DAS WERFEN MIT DER FLIEGENSCHNUR

Immer wieder höre ich, das Werfen mit der Fliegenrute sei sehr schwierig. Das stimmt nicht. Unter der Anleitung eines guten Lehrers kann eigentlich jeder innerhalb eines halben Tages die Grundschritte erlernen. Alles andere ist dann einfach Übung. Das geht sehr gut auf einer Wiese mit kurzem Gras. Ein Sportplatz ist ideal.

Beobachte einmal einen Fliegenfischer. Du bemerkst, dass er die farbige Fliegenschnur durch rhythmisches Hin- und Herschwingen der Rute nach hinten und nach vorne bewegt. Eben rollt die Leine elegant nach hinten aus. In dem kurzen Moment, in dem sie sich gestreckt hat, beginnt der Fliegenfischer die Rute wieder nach vorne zu führen. Die Rute biegt sich, sie spannt sich wie ein Bogen, der einen Pfeil abschießen möchte. Während des Vorschwungs beschleunigt der Werfer die Rute und stoppt dann abrupt. Nun rollt die Leine über seinen Kopf nach vorne aus. Ist der Werfer mit der erreichten Distanz zufrieden, senkt er die Rute und legt die Leine auf dem Wasser ab. Will er noch weiter werfen, führt er noch weitere »Leerwürfe« durch und verlängert

Tipp!

Deine Fliegenrute sollte, das wurde schon gesagt, etwa 2,60 bis 2,75 m lang sein. Du musst aber auch auf die »Aktion« achten. Eine härtere Rute wird als »schnell« bezeichnet und biegt sich unter Zug erst mal nur in der Spitze. Das Drillen der Fische macht damit weniger Spaß.
Eine »langsame« Rute biegt sich gleichmäßig über ihre ganze Länge. Zielgenaue Würfe sind damit schwierig. Eine »mittelschnelle« Rute ist dagegen genügend weich in der oberen Hälfte, hat aber noch reichlich Rückgrat im Unterteil. Damit lässt sich bequem werfen und erfolgreich drillen.

Mit ein bisschen Übung wirst du bald in der Lage sein die Fliege zielgenau an den richtigen Stellen zu präsentieren. Dieser Fisch stieg direkt vor dem Busch auf der anderen Bachseite nach einer kleinen Trockenfliege.

somit die Schnur durch Abziehen von der Rolle. Wenn du Probleme hast, dir die nötige Arm- und Handbewegung vorzustellen, hilft dir ein kleines Experiment. Nimm einen dünnen, stabilen, etwa 60 bis 70 cm langen Stock und **stecke einen kleinen Apfel oder eine kleine Kartoffel** auf dessen Spitze. Du möchtest jetzt den Apfel mithilfe dieses Stöckchens so weit wie möglich nach vorne wegschleudern, ohne das Stöckchen aber loszulassen. **Wie wirst du es machen?** Wenn du den Stock in einer eher müden, langsamen Bewegung nach vorne führst, wird der Apfel entweder die Spitze überhaupt nicht verlassen oder höchstens nahe vor deinen Füßen auf den Boden plumpsen. Nein, du wirst natürlich energisch beschleunigen. Du wirst mit dem Arm etwas nach hinten ausholen und dann den Stock in einer immer schneller werdenden Bewegung nach vorne führen. Bevor dein Arm sich fast ganz gestreckt hat, wirst du mit dem Handgelenk noch eine kleine schnelle Kippbewegung durchführen, damit bekommt die Stockspitze mit dem Apfel zusätzlichen Schub. Jetzt stoppt deine Wurfhand, der Apfel löst sich ruckartig von der Stockspitze und fliegt gestreckt seinem Ziel entgegen. Einfach, nicht wahr? Ein Wurf mit Fliegenrute und -schnur funktioniert nach dem gleichen Prinzip. Der Apfel ist hier die Fliegenschnur, die nach vorne bewegt werden will. Damit die Fliegenschnur besser fliegt, ist sie auf den ersten Metern dicker als im hinteren Teil. Sie sieht aus wie eine sehr lang gezogene Keule. Deshalb spricht man auch von einer **Keulenschnur.** Wie der Vorschwung, wird auch der Rückschwung ausgeführt, der Apfel auf dem Stock würde jetzt nach hinten wegfliegen. Wenn du fleißig übst, wirst du bald lernen, während der Vor- und Rückschwünge mit der freien Hand, Schnur von der Rolle zu ziehen und die Leine zu verlängern. Normalerweise muss man aber gar nicht besonders weit werfen, die meisten Fische werden beim Fliegenfischen etwa bis 10, 12 m vor der Rutenspitze gefangen. Auf jeden Fall wirst du schnell feststellen, dass das Werfen der Fliegenschnur jede Menge Spaß macht. Ich bin sicher, wenn du dich für das Fliegenfischen wirklich interessierst, wirst du in deinem Umkreis jemanden finden, der dir die Grundschritte beibringt.

Und jetzt noch ein paar wichtige **technische Einzelheiten der Ausrüstung,** die du unbedingt kennen musst.

Als erstes werden etwa 50 m spezielle geflochtene Schnur auf der Fliegenrolle aufgespult und dann mit der Fliegenschnur verbunden. Diese **Nachschnur** dient in erster Linie als Unterfüllung, damit die Fliegenschnur nicht unmittelbar auf der Rolle aufliegt und als Reserve, falls ein großer Fisch die ganze knapp 30 m lange Fliegenschnur abziehen sollte. Das kommt wirklich sehr selten vor, ist aber immerhin möglich.
Am vorderen Ende der Fliegenschnur wäre es unsinnig die Fliege direkt an deren dickes Ende zu binden. Hier wird ein Zwischenstück aus Monofil benötigt: **Das Fliegenvorfach.** Es ist meistens zwischen 2,50 und 3,50 m lang. Es soll erstens mehr oder

*** BACHFORELLE ***

Größe:
Bis 80 cm.

Gewicht:
Bis ca. 8 kg.

Laichzeit:
Oktober bis Januar.

Beste Fangzeit:
März bis September.

Empfohlenes Angelgerät:
Fliegen- und Spinngerät.

Köder:
Künstliche Fliegen, Blinker, Spinner, Wobbler, Köderfisch am System.

Lebensraum:
Klare, sommerkalte Bäche und Flüsse sowie kühle saubere und sauerstoffreiche Seen. Relativ standorttreu.

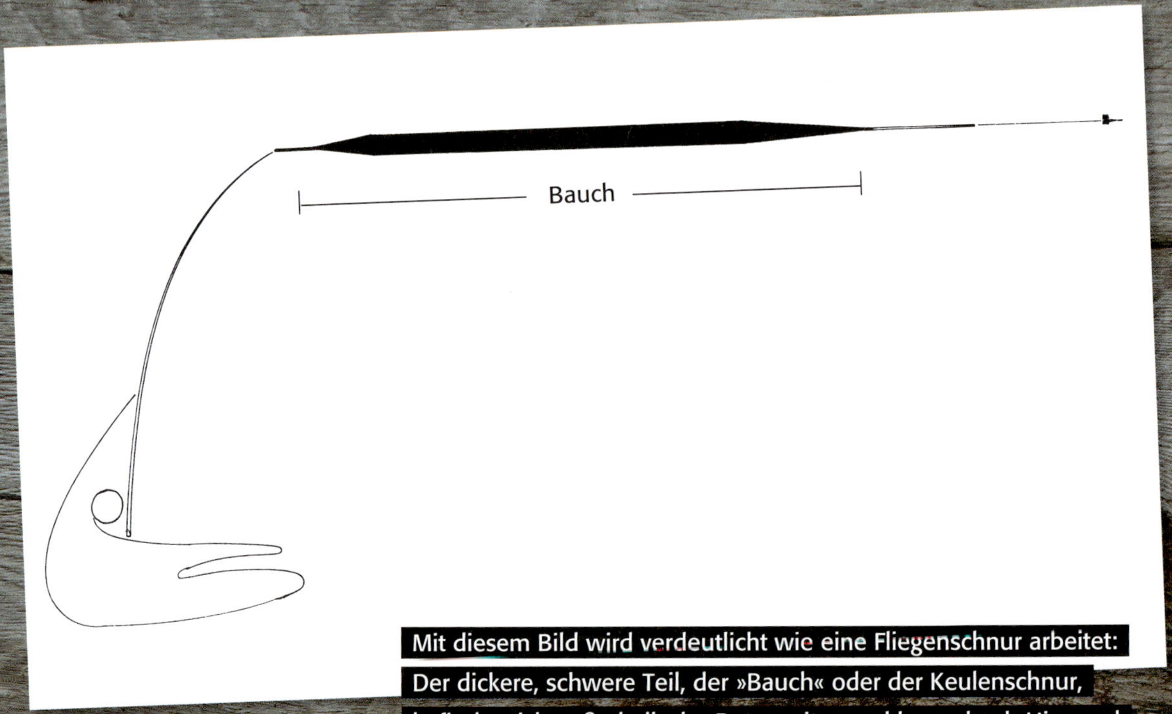

Mit diesem Bild wird verdeutlicht wie eine Fliegenschnur arbeitet: Der dickere, schwere Teil, der »Bauch« oder der Keulenschnur, befindet sich außerhalb der Rutenspitze und kann durch Hin- und Herschwingen beschleunigt werden.

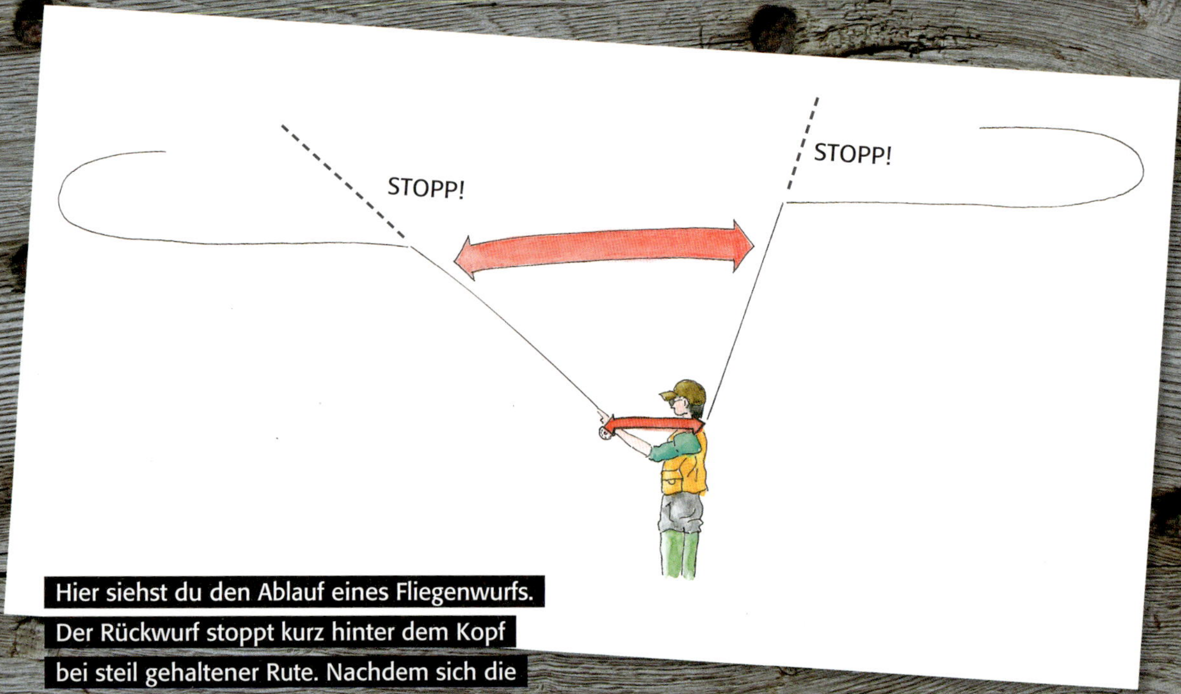

Hier siehst du den Ablauf eines Fliegenwurfs. Der Rückwurf stoppt kurz hinter dem Kopf bei steil gehaltener Rute. Nachdem sich die Schnur nach hinten gestreckt hat, wird der Vorschwung eingeleitet.

HAKENGRÖSSE AUF SCHNURSTÄRKE ABSTIMMEN

z.B. HAKENGRÖSSE:	STÄRKE DER MONOFILSCHNUR
10, 12	0,16 bis 0,18 mm
16, 14	0,14 bis 0,16 mm

weniger unsichtbar sein und zweitens die Fliege sanft auf das Wasser ablegen. Deswegen wird es zur Spitze hin immer dünner, es »verjüngt« sich. Die Stärke der Vorfachspitze musst du ein wenig an die Fliegengröße anpassen, sonst klappt das sanfte Ablegen nicht so gut. Bei Fliegenmustern, die tief unter Wasser angeboten werden, erübrigt sich eine Verjüngung des Vorfachs. Das ist z.B. der Fall beim Nymphen- oder Streamerfischen. Verwendest du dazu sogar eine sinkende Fliegenschnur, reicht ein kurzes Vorfach von 1 bis 1,5 m Länge. Damit fühlst du einen Anbiss in der Tiefe besser.

DIE FLIEGENMUSTER

Es gibt Tausende von verschiedenen Fliegenmustern, mit welchen die unterschiedlichsten Fischarten gefangen werden können.

Lebensecht oder nur aufreizend?

Manche künstliche Fliegen werden sehr detailgenau nachgebildet, sie sollen ein bestimmtes Insekt darstellen. Sie werden z.B. dann eingesetzt, wenn gerade Insekten einer bestimmten Art schlüpfen und die Fische nur diese beachten.

Andere Fliegenmuster sind Fantasieprodukte, aber durch bestimmte Merkmale können sie durchaus für den Fisch attraktiv sein. Mit ihnen möchte man einen Anbiss provozieren, obwohl der Fisch vielleicht gar nicht auf Nahrungssuche ist.

Tipp!

Denke daran, dass du für Forellen, Äschen und Döbel Fliegen in verschiedenen Größen brauchst. Trocken- und Nassfliegen solltest du hauptsächlich in den Hakengrößen 12, 14 und 16 bereithalten. Döbel mögen auch größere »10er« oder »8er« Fliegen. Vor allem im Frühjahr sind auch Nymphen in Größe 10 gefragt. Kleinere Fliegen werden dann im Spätsommer und Herbst eingesetzt. Streamer sind vor allem in der Größe 4, 6, 8 sehr universell.

Fliegenmuster lassen sich in die folgenden Gruppen einteilen:

Die Trockenfliege

Die Trockenfliege kannst du entweder stromauf, stromab oder quer zur Strömung anbieten. Im Idealfall versuchst du einen Fisch anzuwerfen, der gerade »steigt«, also z.B. eine Forelle oder einen Döbel, die an einer bestimmten Stelle immer wieder zur Oberfläche kommen, um Insekten einzuschlürfen. Versuche vorher noch festzustellen wie diese Insekten in etwa aussehen. Biete eine ähnliche Fliege an.

Tipp!

Damit Trockenfliegen immer gut schwimmen, musst du sie im trockenen Zustand mit einem Fliegenfett behandeln. Nimm nicht zu viel davon, sie dürfen nicht verkleben.
Auch das Vorfach fettest du ein bisschen, damit es an der Wasseroberfläche bleibt.
Ausgenommen sind etwa 20 bis 30 cm vor der Fliege. Diese Länge soll etwas eintauchen, sonst glitzert das Nylon an der Oberfläche und schreckt den Fisch ab.

Tipp!

Große Döbel sind sehr vorsichtig. Wenn ein Fisch deine Trockenfliege genau betrachtet aber nicht ins Maul nimmt, wechsle sie gegen eine ähnliche Nassfliege. Treibt eine Fliege unter Wasser, ist der Fisch oft weniger misstrauisch.

Die Nassfliege

Eine Nassfliege wird in der Regel schräg stromab angeboten. Nach dem Auslegen lässt man die Leine herumschwingen ohne die Fliege zusätzlich zu bewegen. So kannst du systematisch die ganze Breite eines kleinen Flusses nach Fischen absuchen.

Ein Tipp: Ist der Schwung beendet und hängt die Fliege unter dir in der Strömung, hebe sie nicht gleich ab, sondern zupfe die Schnur in kleinen Intervallen gegen den Strom zu dir heran. Du wirst erstaunt sein, wie viele Fische du damit fangen wirst.

Die Nymphe

Eine Nymphe, also die Nachbildung einer Insektenlarve, kann in allen Wasserschichten angeboten werden, je nachdem wo man die Fische auf der Nahrungssuche vermutet. Bei schweren Nymphen, die du tief am Grund dahintreiben lässt, wird der Biss oft nur über das Verhalten der Schnurspitze sichtbar. Viele Fliegenfischer verwenden deshalb einen Bissanzeiger am Vorfach. Bleibt dieser in der Strömung stehen oder verhält sich sonst unnatürlich, wird die Rute angehoben, um den Haken zu setzen.

Der Streamer

Streamer werden meist aktiv durch das Wasser gezupft, um einen lebendigen Kleinfisch o. ä. vorzutäuschen.

WAS IMITIEREN DIE EINZELNEN FLIEGENTYPEN?

FLIEGENMUSTER	NACHAHMUNG	WO WIRD DAS MUSTER ANGEBOTEN?
Trockenfliege	Gerade geschlüpftes Insekt, das sich an der Wasseroberfläche die Flügel trocknet. Ein Insekt legt Eier auf der Wasseroberfläche ab.	Schwimmend auf der Wasseroberfläche.
Nassfliege	Ertrunkenes totes Insekt. Eine zum Schlüpfen aufsteigende Larve. In Wasser gefallener Käfer, Heuhüpfer o. ä.	Meist in den oberen Wasserschichten.
Nymphe	Eine zum Schlüpfen aufsteigende Nymphe. Am Gewässergrund lebende Insektenlarve.	In allen Wasserschichten, es kommt darauf an was man imitieren möchte.
Streamer	Kleinfisch, (auch Egel, Frosch, Maus u. ä.)	Alle Wassertiefen.

Diese schöne Bachforelle fiel einer großen Trockenfliege zum Opfer.

Besonders Regenbogenforellen, Döbel und Äschen stehen auf Fliegen mit rotem Schwänzchen.

Künstliche Fliegen werden je nach Typ in unterschiedlichen Wassertiefen angeboten. Vor allem Streamer sind sehr vielseitig, sie können in jeder Tiefe auf einen interessierten Fisch treffen.

Wichtiges Zubehör:

1. Watkescher
2. Fliegendose
3. Polbrille
4. Vorfachclip
5. Arterienklemme (Hakenlöser)
6. Vorfachspulen
7. Fliegenfett

Größe:
Bis 70 cm.

Gewicht:
Bis 7 kg.

Laichzeit:
Dezember bis Mai.

Beste Fangzeit:
Mai bis Oktober.

Empfohlenes Angelgerät:
Fliegen- und Spinngerät.

Köder:
Künstliche Fliegen, Blinker, Spinner, Wobbler, Köderfisch am System.

Lebensraum:
Fließendes und stehende Gewässer. Verträgt etwas höhere Temperaturen als Bachforelle und stellt etwas geringere Ansprüche an die Wasserqualität. Nicht standorttreu.

* REGENBOGENFORELLE *

Wenn man beim Ausweiden den Magen einer Forelle vorsichtig öffnet und den Inhalt in eine kleine Schale mit Wasser gibt, findet man alles was sie vor kurzer Zeit gefressen hat. Hier sieht man kleine Nymphen von Eintagsfliegen. Ein erfahrener Fliegenfischer würde jetzt mit ähnlichen künstlichen Nymphen weiterfischen.

Größe:
Bis 55 cm (selten 60 cm).

Gewicht:
Bis 3 kg.

Laichzeit:
März bis Mai.

Beste Fangzeit:
Juni bis Dezember.

Empfohlenes Angelgerät:
Fliegenrute.

Köder:
Künstliche Fliegen.

Lebensraum:
Klare, saubere Fließgewässer mit tiefen Gumpen und sandig-kiesigem Untergrund.

* ÄSCHE *

SO FINDEST DU DIE FISCHE

Ebenso wie ein guter Jäger weiß, wo er sein Wild erwarten kann, muss auch der Angler den Aufenthaltsort seiner Beute kennen. Am Ufer darf er sich nur sehr vorsichtig bewegen, um sich den Fischen nicht zu verraten. Sie sind scheu, schließlich haben sie es ständig mit einer ganzen Reihe von Feinden zu tun. Im folgenden Kapitel erfährst du, wie du die besten Angelplätze erkennst und was du auf dem Weg dahin unbedingt beachten solltest.

DIE BESTEN ANGELPLÄTZE

Natürlich hat es keinen Sinn seine Angel an einem x-beliebigen Ort auszuwerfen. Abhängig davon, ob du an einem fließenden oder stehenden Gewässer angelst, gibt es ein paar typische Stellen, wo sich eigentlich immer Fische befinden. Reden wir über ein paar »heiße« Angelplätze.

BACH UND FLUSS

Einige Fischarten sind auf strömendes, kühles und sauerstoffreiches Wasser angewiesen. Sie fressen die hier vorkommende Nahrung und ihre Eier können sich nur in der Strömung entwickeln. Solche Fische besitzen einen langgezogenen schlanken Körperbau. Damit können sie sich auch in stärkerer Strömung gut behaupten. Ein solcher Fisch ist z. B. die Bach- und die Regenbogenforelle. Wenn du von einer Brücke in einen Bach schaust, wirst du sie zwar manchmal in der schnellen Strömung jagen sehen, aber die meiste Zeit halten sich die flinken Räuber an einem ruhigeren, geschützten Platz auf, wo sie mit wenigen Flossenschlägen im Wasser schweben. Der ständige Aufenthalt in der schnellen Strömung würde sie mehr Energie kosten als sie durch die an ihr vorbeitreibende Nahrung aufnehmen könnten. Stellen wir uns ein Bachbett vor, das kanalartig ausgebaut ist und durch welches das Wasser mit reißender Geschwindigkeit hindurchschießt. Selbst wenn die Wasserqualität in Ordnung ist, könnte dort kein Fisch auf Dauer leben. Das Gegenteil davon ist ein kurviges, abwechslungsreiches Flussbett mit großen eingestreuten Steinen, tiefen von der Strömung ausgespülten Gumpen und flachen Rieselstrecken sowie Büschen und Bäumen am Ufer. So ein Gewässer bietet den Fischen ausreichend Ruheplätze, Versteckmöglichkeiten, Nahrung und auch Stellen zum Laichen, also zum Ablegen ihrer Eier. An diesem Gewässer macht auch das Angeln Spaß. Suche nach den richtigen Stellen im Fluss. Die Fische sind dann nicht weit:

Große im Wasser liegende Steine

Hinter und vor den Steinen halten sich gerne Fische auf und warten auf vorbeitreibende Nahrung.

Überhängende Bäume und Büsche

Sie spenden im Sommer Schatten und bieten Schutz vor den Augen fischfressender Vögel wie Kormoran und Fischreiher.

Gumpen, Kolke

Von der Strömung ausgespülte tiefe Löcher. Die Fische fühlen sich hier sicher und finden Nahrung. Besonders interessant sind auch Wehrgumpen. Hier findet man besonders viele Fischarten. Auch unter Brücken ist der Grund ausgespült und das Wasser tiefer.

Standplätze

Rechts: Hier wurde eine Flussstrecke in einen natürlicheren Zustand »rückgebaut«.Seitliche Einbuchtungen, tiefe Gumpen und große Steine sorgen für Fischeinstände.

Oben: Da drüben unter den Büschen müsste was »gehen«.

Unten: Wasserpflanzen und träge Strömung. Hier gibt's Weißfische und Karpfen. Auch Barsch und Hecht sind nicht weit.

Dieser feiste Schuppenkarpfen wurde nahe an einem Schilfrand gefangen und lebend in einem Setzkescher mit weichen Netzmaschen gehältert.

Um Landvorsprünge und Halbinseln herum sind meistens gute Fischgründe vorhanden. Mit dem Boot kannst du dich vorsichtig annähern.

In der Wirklichkeit liegen die guten Angelplätze meistens nicht so nahe zusammen wie hier auf der Zeichnung. Aber so kannst du erkennen, nach was du Ausschau halten musst, um die Fische zu finden.

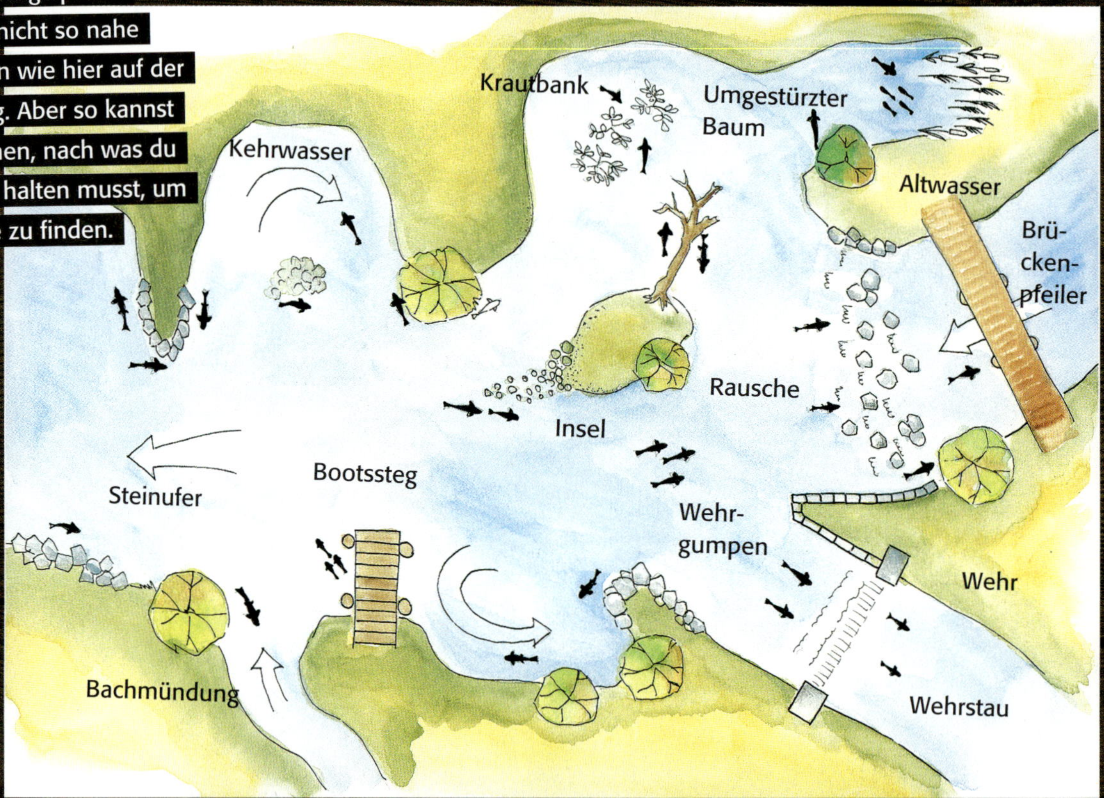

Rückläufe

An manchen Stellen im Uferbereich kommt es zu ruhigen Drehströmungen. Hier ist das Wasser meist ziemlich tief und es sind eigentlich immer ein paar Fische anwesend.

Umgestürzter, toter Baum

Er bietet kleinen Fischen Schutz und dient Räubern als Hinterhalt. An seinem alten Holz leben viele Kleintiere, die wiederum vielen Fischen als Nahrung dienen.

Krautbänke

Sie wachsen in langsamerer Strömung, aber auch in manchen schnellen Forellenbächen. Auch hier finden die Fische Schutz und genügend Nahrung.

Bacheinläufe

Nebenbäche bringen immer neue Nahrung mit, manchmal auch sauerstoffreiches Wasser. An diesen Einläufen zu angeln lohnt sich meistens.

Strömungssäume

Beachte die Grenzlinien zwischen schneller und langsamer Strömung. Die Fische warten bequem im ruhigen Wasser auf vorbeitreibende Nahrungsbrocken.

TEICHE, WEIHER, SEEN, ALTWASSER, LANGSAME FLÜSSE

Vom Körperbau her gedrungene, hochrückige Fischarten, wie z. B. Karpfen oder Brachsen, fühlen sich in stehendem oder ganz langsam strömendem Wasser wohl. Sie holen sich ihre Nahrung aus dem abgelagerten Bodenschlamm und kommen mit weniger Sauerstoff aus, als die Arten der schnellen Bäche und Flüsse. Die Fische suchen hier zwar nicht nach Schutz vor der Strömung, aber ein stehendes Gewässer mit abwechslungsreichen Bodenstrukturen und unterschiedlichem Pflanzenwachstum bietet reichlich Nahrung und Wohnraum.

Achte vor allem auf:

Kraut- und Pflanzenbetten, Schilfränder

Zwischen den Wasserpflanzen weiden nicht nur große Friedfische, auch Raubfische, wie Barsch und Hecht, haben hier ihr Versteck und lauern auf unvorsichtige Jungfische. Lege deinen Köder am Rand der Krautbetten ab.

Landvorsprünge

Hier kommt es zu Strömungskanten, die durch den Wind verursacht werden und auch das Vorhandensein von Nahrung beeinflussen. In diesem Bereich triffst du sehr oft auf Fische.

Scharkanten

Oft fällt der Seegrund ab dem Ufer erst flach ab, um dann plötzlich steil nach unten abzubrechen. An diesen »Scharkanten« lauern die Räuber in der Tiefe und warten darauf, dass unvorsichtige Kleinfische über den Rand hinausschwimmen.

Bacheinläufe

An stehenden Gewässern gilt noch mehr als bei Fließgewässern: Wo frisches Wasser einströmt, sind die Fische nicht weit.

Tipp!

Piere und Bootstege aus Holz sind besonders gute Angelstellen. Verschiedene Fischarten halten sich sehr gerne in ihrem Schatten und zwischen den Stützpfeilern auf. Sie finden hier Schutz und Nahrung. Vor allem Barsche lieben Stege.

Wenn das Wasser so trüb ist wie hier, kannst du auch vorsichtig näher ans Ufer herantreten. Setze aber deine Füße leise und sanft auf, die Fische können ganz nah sein. Erschütterungen spüren sie sofort.

Der Hecht schwebt bewegungslos ganz knapp unter der Wasseroberfläche. Sein Sichtfenster nach oben ist klein, deswegen kommen wir relativ nahe an ihn heran. Würde er tiefer stehen, hätte er uns längst wahrgenommen.

DER WEG ZUM WASSER

Jeder von uns möchte möglichst große Fische fangen. Aber, je größer der Fisch, desto älter und erfahrener ist er. Wenn du also große Fische fangen willst, musst du dich am Wasser richtig verhalten.
Wenn du mit großen, schweren Schritten ans Wasser stürmst, um direkt von der Uferkante aus nach Fischen Ausschau zu halten, wirst du sicher wenig Erfolg haben. Das einzige, was du in diesem Fall vielleicht noch wahrnimmst, ist eine strichartige Welle. Sie zeichnet die Fluchtbahn eines Fisches nach, der sich gerade noch dort befand, wo sich jetzt eine Schlammwolke direkt zu deinen Füßen unter der Uferkante ausbreitet.
Das Problem dabei ist: Nicht nur dieser Fisch ist weg! Selbst wenn die anderen im weiteren Umkreis nichts von deinem Auftritt bemerkt haben sollten, dieser eine Fisch hat durch seine Panikreaktion alle alarmiert. Am Weg zum Ufer müssen wir uns so verhalten, dass die Fische möglichst nichts von unserer Anwesenheit mitbekommen.

Hier ein paar Tipps dazu:

- Trete nicht zu fest auf! Erschütterungen setzen sich im Wasser sehr leicht und sehr weit fort.

- Wenn du in Begleitung bist, könnt ihr euch miteinander unterhalten. Töne von außen dringen nicht so leicht ins Wasser ein, vorausgesetzt sie sind nicht zu laut. Erlaubt ist Reden und Unterhalten im normaler Lautstärke – lautes Herumschreien ist natürlich tabu. Und: Ein plärrendes Radio am Ufer passt überhaupt nicht zum Angeln.

- Trage, wenn möglich, nicht zu bunte Kleidung, die sich von der Umgebung zu sehr abhebt, sonst können die Fische bei klarem Wasser deine Bewegungen leicht erkennen. Wenn du dich zwischen hohem Uferbewuchs aufhältst, sind erdfarbene, graue, braune oder grüne Kleidungsstücke ideal. Versuche auch immer Bäume und Büsche im Hintergrund als Tarnung zu nützen.

- Bewege dich immer langsam und bedächtig. Hektische Bewegungen können Fische aus dem klaren Wasser heraus sofort wahrnehmen.

Wenn du Fische im Wasser erkennen kannst und du dich vorsichtig bis auf Wurfweite heranschleichen willst, bewege dich so niedrig wie möglich. Sobald du die Fische sehen kannst, besteht immer das Risiko, dass sie auch dich sehen können. Vorausgesetzt das Wasser ist klar und nicht trüb, blicken sie wie durch ein rundes »Fenster« durch die Wasseroberfläche nach draußen.

Und sie sehen buchstäblich sogar ein bisschen um die Ecke, weil die Lichtbrechung an der Grenzlinie von Wasser zur Luft ihren Blickwinkel vergrößert. Wie viel der Fisch von der Außenwelt sehen kann, hängt allerdings davon ab in welcher Tiefe er sich befindet.

Viele Fische, auch große, schwimmen gerne nahe am Ufer entlang, weil es dort fast immer etwas zu fressen gibt. Wenn du dich zum Grundangeln ansetzt, solltest du nicht zu nahe an die Wasserkante vorrücken, sondern etwas zurückbleiben. Nur deine Rutenspitze kann über die Uferlinie hinausragen.

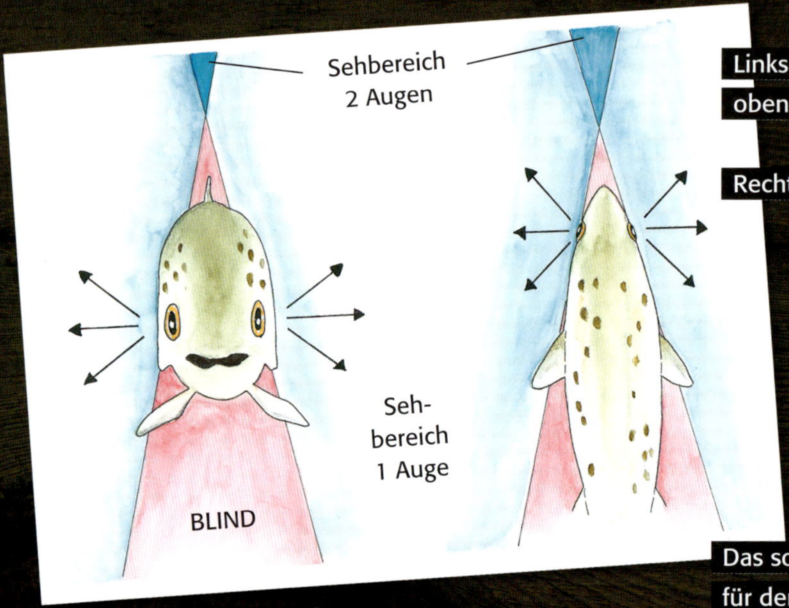

Links: Sehvermögen nach oben und unten.

Rechts: Sehvermögen zur Seite.

Das so genannte »Fenster« erscheint für den Fisch an der Wasseroberfläche kreisrund. Es ist im Durchmesser etwa doppelt so groß wie die Tiefe in der sich der Fisch gerade befindet.

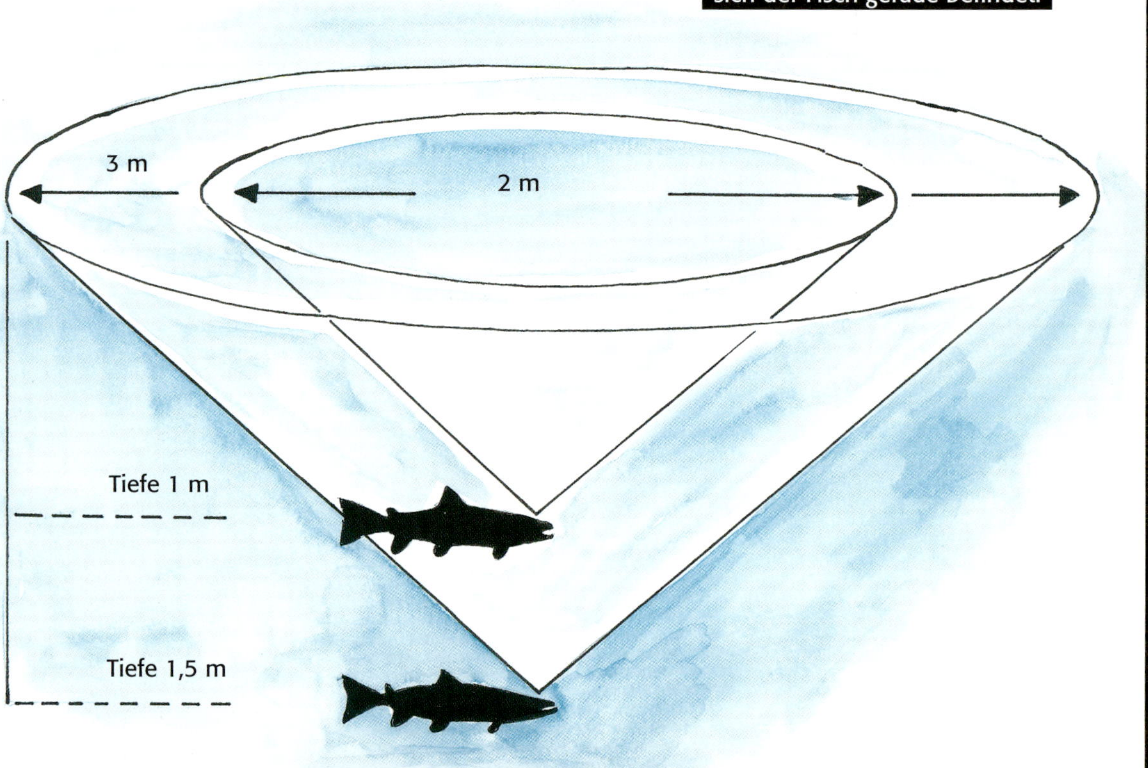

An der Wasseroberfläche knickt der Blickwinkel des Fisches zur Seite ab. In seinem runden »Fenster« sieht er die Außenwelt wie in einer überdimensionalen Linse zusammengerückt. Der obere Fisch kann den Angler nicht wahrnehmen, der untere schon.

Wenn du den Platz zum Grundangeln vorbereitest, bleibe mit deiner Sitzgelegenheit etwas vom Wasser weg. Ein nah am Ufer schwimmender Fisch könnte deine Bewegungen bemerken und die anderen Fische durch seine plötzliche Flucht alarmieren.

Helly-Hansen

DER FISCH HÄNGT AM HAKEN

Du hast es geschafft! Ein Fisch hat angebissen und jetzt hast du nichts weiter zu tun als ihn aus dem Wasser zu holen. Nichts weiter? Ganz so einfach ist es nicht. Es muss schon noch ein ganze Menge passieren, bis deine Beute endlich in der Küche landet. Ein großer Fisch wird sich heftig gegen dich wehren und du musst alle Kunst aufbieten, damit du in diesem Kampf Sieger bleibst. Am Schluss heißt es den Fang fachgerecht zu versorgen, damit er auch eine leckere Mahlzeit abgibt.

HAKENSETZEN

Wenn die Pose untertaucht oder du beim Spinnangeln einen Ruck in der Rute fühlst, der Bissanzeiger beim Grundangeln ein Zeichen gibt oder ein Fisch deine Trockenfliege von der Wasseroberfläche schnappt, dann ist es Zeit den Haken im Maul des Fisches zu verankern. Nur, wie macht man es richtig? Der gängige Ausdruck **Anhieb** oder **Anschlag** trifft eigentlich nicht zu. Denn ein »Schlag« oder »Hieb« ist meist übertrieben. Ich spreche lieber vom **Hakensetzen.** Alles was getan werden muss, um den Kontakt mit dem Fisch herzustellen, ist eigentlich nur die Schnur zu strecken, falls sie zu locker im Wasser liegt, und dann die Rute zügig anzuheben. Zu viel ruckartiger Kraftaufwand endet oft sogar mit einem Abriss der Schnur, vor allem wenn man mit feinem Vorfach angelt.

DER DRILL

Sobald ein Fisch am Haken hängt, beginnt die spannendste Phase. Das Gefühl einen Fisch an der Rute zu fühlen, sein Gewicht und seine Stärke zu spüren, ist das Schönste was sich ein leidenschaftlicher Angler vorstellen kann. Jetzt heißt es alles richtig zu machen, damit sich der Fisch nicht wieder vorzeitig verabschiedet. Tatsächlich gehen die meisten Fische während des Drills deswegen wieder verloren, weil der Angler einen Fehler begeht. Am risikoreichsten sind die Momente direkt nach dem Setzen des Hakens und dann wieder kurz vor der Landung.

Knoten sind die schwächste Stelle in der Schnur. Falls **deine Schnur reißen sollte,** schau dir die Bruchstelle genau an. Ist sie nicht glatt sondern sieht ein bisschen aus wie ein gekringeltes Schweineschwänzchen, hat sich der schwache Knoten unter dem starken Zug gelöst. Viele Angler verhalten sich aber auch grundsätzlich falsch, wenn sie plötzlich von einem schweren Fisch am Haken überrascht werden. Du solltest dir eines merken: Wenn du mit feiner Schnur fischt, kannst du einen großen Fisch bei seiner ersten Flucht nach dem Anschlag unmöglich einfach festhalten. Nein, **du musst ihn erst einmal schwimmen lassen.** Und du musst schon vorher die Rollenbremse richtig einstellen, damit der Fisch bei Bedarf Schnur abziehen kann, ohne die Knoten über ihre maximale Bruchbelastung hinaus zu beanspruchen. So kannst du dich auf deine Bremse verlassen.

EINSTELLEN DER BREMSE

Wie wird eine Schnurbremse richtig eingestellt? Egal ob du eine Stationärrolle, eine Fliegenrolle oder vielleicht irgendwann eine Multirolle verwendest, du darfst die Bremsschraube nie so fest zudrehen, dass sich überhaupt keine Schnur mehr abziehen lässt. Dann wäre es keine Bremse, sondern eine Totalsperre. Jetzt kann sich der Fisch vom Haken losreißen oder die Schnurknoten wegen Überlastung brechen.

Tipp!

Wenn du dir eine neue Angelrolle kaufen willst, sieh dir vor allem das Bremssystem genau an. Manche Rollen haben sogar mehrere Systeme, die separat bedient werden können. Bitte den Verkäufer im Geschäft, dass er dir alles genau erklärt. Prüfe auch selbst, wie sich die Spule bei unterschiedlichen Bremseinstellungen dreht.

Aber genau das willst du ja unbedingt vermeiden. Die Bremse soll also nicht abrupt stoppen sondern gerade soviel Widerstand leisten, dass auch ein großer Fisch rasch erschöpft wird und sich bald geschlagen gibt. Und je nach Tragkraft der Schnur kann die Bremse sogar relativ fein eingestellt sein. Man darf nämlich eines nicht vergessen: Bremsdruck wird durch Reibung aufgebaut. Die entsteht einerseits durch die Reibung der Bremsscheiben in der Spule, andererseits aber auch durch die Reibung der Schnur in den Führungsringen, der schräg nach oben gehaltenen Rute. Beide Reibungswiderstände wirken zusammen und ergeben die effektive Bremswirkung.

Die Bremsprobe

Für das Einstellen der Bremse einer Stationärrolle gibt es einen einfachen Trick. Nimm deine fertig bestückte Angelrute und binde ein Stück Rundholz an das Schnurende. Dann bittest du eine zweite Person das Holz in die Hand zu nehmen und es gut festzuhalten. Anschließend ziehst du etwas Schnur ab und gehst mit der Rute etwa auf einen Abstand von 8 bis 10 m zu deinem Helfer.
Jetzt spannst du die Leine und hältst die Rute dabei in einem **Winkel von etwa 45 Grad** nach oben. Dein Helfer versucht durch Zurückgehen Schnur abzuziehen. Jetzt wirkt einerseits die Bremse, aber

Die technisch perfekte Bremse einer guten Stationärrolle hilft dir auch große Fisch müde zu drillen. Diese Rolle hat neben einer Front- und Heckbremse, auch eine Freilaufschaltung, damit ein Fisch beim Anbiss ungehindert Schnur abziehen kann.

Auch so kannst du die richtige Bremseinstellung testen: Binde die Schnur an einen Baum oder Pfosten und stelle die Bremse so ein, dass sich bei schräg nach oben gehaltener Rute und unter Rückwärtsgehen gerade noch Schnur abziehen lässt.

»Pumpe« den Fisch zu dir heran, indem du die Ruten hebst und nicht an der Kurbel drehst. Dann senkst du die Rute und holst dabei gleichzeitig Schnur auf die Rolle zurück. Wenn der Fisch stärker ist, lasse ihn ziehen bis er wieder stoppt.

auch die Reibung der Schnur in den Rutenringen, gegen diesen Zug. Ist der Widerstand deutlich spürbar, aber die Schnur lässt sich noch ohne Probleme von der Spule ziehen, ist die Bremseinstellung in etwa richtig. Eine schräg nach oben gehaltene Rute ist grundsätzlich auch die ideale Stellung für den Drill eines Fisches. So kommt die Federkraft der Rute am besten zur Wirkung und sie kann die Stöße des Fisches am besten abfedern und ihn schnell müde machen.

»PUMPEN« STATT NUR KURBELN

Damit sind wir bei der **Technik des Drills.** Immer wieder muss man beobachten, wie manche Angler versuchen einen Fisch mithilfe der Rolle zu sich heranzukurbeln. Sie halten zwar korrekt die Rute schräg nach oben, drehen aber gleichzeitig an der Kurbel. Dabei bemerken Sie nicht, dass die Bremse nachgibt und sich die Spule ebenfalls dreht. Das heißt jede Kurbelumdrehung wird durch die Umdrehung der Schnurspule aufgehoben. Das Ergebnis: Der Fisch kommt keinen Zentimeter näher, aber die Schnur verdreht sich immer mehr. Später, beim erneuten Auswerfen der Leine, wird sich das unliebsam bemerkbar machen.

Die richtige Drilltechnik für einen großen Fisch sieht so aus:

Du ziehst den Fisch **durch Heben der Rute** zu dir heran, **ohne** die Kurbel zu betätigen. Ist der Fisch stärker als der von dir ausgeübte Zug, wird die Schnurbremse nachgeben. Lass den Fisch jetzt schwimmen **ohne** an der Kurbel zu drehen. Stoppt der Fisch, senkst du die Rute und holst **während des Senkens durch Drehen** an der Rollenkurbel die lose werdende Schnur auf die Rolle zurück. Dann hebst du die Rute erneut an, wieder ohne die Kurbel zu betätigen, und ziehst den Fisch weiter zu dir heran.

Diese Drilltechnik wird **Pumpen** genannt. Eine sehr effektive Möglichkeit, um den Fisch schnell müde zu kriegen. Am Anfang musst du dich ein wenig konzentrieren, aber du wirst schnell den Bogen raus haben. Manchmal setzen sich Fische am Grund fest. Man hat dann den Eindruck, sie hätten sich in irgendein Hindernis am Gewässerboden verrannt. Das ist zwar möglich, aber in Fließgewässern presst sich der Fisch in den meisten Fällen gerade mithilfe der Strömung an den Boden. Direkt nach oben lässt er sich schlecht wegziehen, wohl aber zur Seite hin. In diesem Fall musst du die Rute absenken und seitlichen Zug ausüben. Es gelingt relativ oft den Fisch auf diese Weise wieder in Bewegung zu bringen. Dann kannst du ihn weiter müde machen. Versuche ihn durch weiteren seitlichen Zug immer mehr aus der Hauptströmung heraus und zum Ufer hin zu dirigieren. Behalte immer die Kontrolle, beschäftige den Fisch, lass ihn nicht zur Ruhe kommen. Du musst ihn schnell müde machen, aber nicht bis zur absoluten Entkräftung drillen. Bald rückt der entscheidende Augenblick der Landung näher. Und genau jetzt machen viele unerfahrene Angler **einen gewaltigen Fehler.**

Da sie einen großen Fisch, der sich fast in Reichweite ihres Keschers befindet, auf keinen Fall mehr entkommen lassen wollen, beginnen sie plötzlich an der Rollenbremse zu fingern und drehen sie noch fester zu. Das ist absoluter Unsinn und gefährlich. Falls der Fisch jetzt doch noch einen Fluchtversuch unternimmt, muss er abziehen können. Die Schnur besitzt **auf die kurze Distanz nur wenig Dehnung,** die Bruchgefahr ist jetzt besonders groß. Senke auch nicht die Rute, sie muss gebogen bleiben, sonst nützt du ihre Elastizität nicht aus.

DIE LANDUNG

Jetzt kommen wir zur Landung des Fisches. Erste Merkregel: Einen kleinen Fisch kannst du schnell heranziehen, aber ein großer Fisch wird grundsätzlich erst dann gelandet, wenn er sich **auf die Seite dreht und sein heller Bauch sichtbar wird.** Der Fisch zeigt »weiß«. Seinen Kopf kannst du über die Wasseroberfläche heben. Schlägt er jetzt mit dem Schwanz, schiebt er sich näher zu dir heran. Bist du in Begleitung am Wasser, lässt du deinen Helfer den Kescher führen. Aber du bestimmst selbst, wo du den Fisch landen möchtest und du musst den Fisch an diese Stelle dirigieren und ihn über das Netz ziehen. Ganz wichtig: Mit dem Kescher niemals aktiv nach dem Fisch greifen. Wer das tut, hat die besten Chancen den Fisch doch noch zu verlieren.
Dein Helfer taucht den Bügel mit dem Netz ein und hält ihn absolut ruhig. Du hältst die Rute weiterhin schräg nach oben, um die Elastizität der Rute auszunutzen. Zusätzlich gehst du, wenn es möglich ist, einige Schritte zurück, um die Leine nicht zu sehr zu verkürzen und ziehst gleichzeitig den Fisch, sein Kopf zeigt nach oben, über das Netz. Der Helfer braucht es dann nur noch hochzuheben, damit sich die Maschen um den Fisch herum schließen. Dann zieht er das Netz mit hinten angehobener Stange an Land.

DEN FISCH VOM HAKEN LÖSEN

Gratuliere! Nun hast du deinen Fisch glücklich gelandet. Falls sich nicht auf den ersten Blick erkennen lässt, ob er das vorgeschriebene Mindestmaß besitzt, wirst du mit dem Maßband seine Länge feststellen. Ist er zu klein, musst du ihn möglichst schonend zurücksetzen. In diesem Fall darfst du ihn nicht auf rauen Untergrund, Steine oder Sand legen, und nur mit nassen Händen anfassen. Seine Schleimhaut schützt ihn vor Infektionen und darf nicht verletzt werden. Verwendest du einen Haken mit angedrückten Widerhaken wird es dir leicht fallen den Fisch davon zu befreien. Benutze am besten einen Hakenlöser oder eine Arterienklemme und halte den untermaßigen Fisch auf dem Rücken liegend in deiner Hand. Das Vorfach darf dabei keinen Zug auf den Haken ausüben. Der Fisch wird sich dann in der Regel ruhig verhalten. Werfe ihn auf keinen Fall einfach ins Wasser zurück, sondern lassen ihn vorsichtig hineingleiten.

Zubehör, das der Angler immer mit dabei haben sollte:

- Kescher (Landenetz) oder Landezange für Raubfische.
- Maßband zum Feststellen des Mindestmaßes.
- Schlagholz, »Fischtöter« zum Betäuben des Fisches.
- Messer zum Schlachten und Versorgen eines Fisches. Der gezähnte Rücken erleichtert das Schuppen eines Fisches.

Tipp!

Wie bei einer Rute oder Rolle solltest du beim Kauf eines Keschers auf Qualität achten. Er muss stabil sein und sich leicht mit einer Hand öffnen lassen. Außerdem sollte er über ein feinmaschiges, weiches Netz verfügen, damit die Schleimschicht von Fischen, die zurückgesetzt werden, möglichst nicht verletzt wird.

Halte den Kescher ins Wasser und ziehe den müde gedrillten Fisch darüber. Auf keinen Fall darfst du mit dem Netz aktiv nach dem Fisch greifen.

Wenn der Fisch über dem Netz ist, hebe es etwas an und klappe die Kescherstange nach oben. Jetzt kannst du den Fisch an Land ziehen.

Von links nach rechts: Fischgreifer (Boga-Grip) zum schonenden Landen von Fischen mit harten Kiefern. Schlagholz und Messingpriest (Fischtöter), Fischmesser mit gezähntem Rücken zum Entschuppen, Kescher und Maßband.

Bestimmte Fischarten sind in manchen Gewässern ganzjährig geschont. Sie müssen in allen Größen zurückgesetzt werden, damit sie ablaichen und für Nachwuchs sorgen können. Diese große Äsche ist vom Drill erschöpft und wird so lange behutsam mit dem Kopf gegen die Strömung gehalten, bis sie von selbst in der Lage ist, aus der stützenden Hand wegzuschwimmen.

Töten oder Zurücksetzen

So stellst du die Länge fest: Lege den Fisch kurz auf weichen, am besten feuchten, Untergrund, halte das Maßband vorne am Maul an und messe bis zur zusammengelegten Schwanzflosse. Ist der Fisch groß genug, kannst du ihn betäuben und töten. Ist er zu klein, setzt du ihn vorsichtig ins Wasser zurück.

VERSORGEN DES FISCHES

Gut, der Fisch ist groß genug, du darfst ihn behalten und mit nach Hause nehmen für eine schmackhafte Fischmahlzeit. Aber soweit ist es noch nicht. Im Moment liegt der Fisch vor dir, er lebt und hat noch den Haken im Maul.

Ab jetzt gilt folgende Reihenfolge:

1. den Fisch betäuben,
2. töten,
3. den Haken entfernen,
4. den Fisch weiter versorgen, um ihn möglichst frisch bis nach Hause zu bringen.

BETÄUBEN

Vor dem Töten muss der Fisch betäubt werden. Dazu schlägst du ihm mit einem stabilen ca. 25 bis 35 cm langen Holzknüppel oberhalb der Augen auf den Kopf. An dieser Stelle befindet sich das Gehirn des Fisches. Ein, zwei Schläge genügen in der Regel. Wenn der Augendrehreflex ausbleibt, ist der Fisch betäubt und du kannst ihn töten.

TÖTEN

Es gibt zwei Möglichkeiten einen Fisch schnell und sicher mit dem Messer zu töten. Am besten geeignet ist eine kräftige, relativ schmale Klinge und Spitze.

Herzstich Ein gezielter Stich zwischen die Brustflossen, aber ein klein wenig zum Kopf hin versetzt. Ist das Herz getroffen, quillt sofort Blut hervor.

Kiemenrundschnitt Auf diese Weise wird die vom Herz zu den Kiemen führende Arterie durchtrennt. Es kommt zu schnellem Ausbluten. Eine wichtige Voraussetzung für die Frischhaltung des Fisches.

Merke!

Versuche nie einen größeren Fisch mit der Kescherstange anzuheben, das Klappgelenk zwischen Stange und Netzbügel würde brechen.

Vorgehen: Kiemendeckel anheben, mit scharfem Messer hinter den Kiemenbögen schräg von oben nach unten, bis zum Herz schneiden.

AUSWEIDEN UND FRISCH HALTEN

Denke immer daran, dass gefangene Fische so frisch wie möglich bleiben sollen. Was machst du, wenn du morgens um 6 Uhr einen Karpfen fängst, aber erst gegen Abend zum Angeln aufhören willst. Du hast keinen geräumigen Setzkescher zur Lebendhaltung und es wird voraussichtlich ein heißer Tag. Der Fisch muss folglich nach dem Schlachten sauber ausgeweidet und anschließend in einer Kühltasche im Schatten aufbewahrt werden, sonst wird er verderben.
Mit einem scharfen Messer öffnest du die Bauchdecke vorsichtig von den Kiemen bis zum After und nimmst dann alle Innenorgane heraus. Pass aber auf, dass du beim Aufschneiden den Darm und den Magen nicht verletzt. Auch die Galle, ein kleines graugrünes Organ, liegt nicht weit hinter dem Herzen und darf nicht aufgerissen werden. Sollte es doch passieren und die bittere grünlich-gelbe Gallenflüssigkeit auslaufen, musst du den Fisch sofort auswaschen.

Achtung: Zersetzung!

Werden Fische nicht schnell ausgeweidet, beginnt durch die vorhandenen Verdauungssäfte schnell die innerliche Zersetzung. Das vermindert die Fleischqualität. Blutreste, Kiemenbögen und die am Rückgrat entlanglaufenden Nieren müssen ebenfalls sorgfältig entfernt werden. Die Nieren schabst du am besten mit einem Löffel oder einem Messer mit löffelförmigem Ende am Griff weg. Wasche den Fisch möglichst nicht mit Wasser aus dem Gewässer aus (Ausnahme: Die Galle wurde verletzt und es steht kein anderes Wasser zur Verfügung). Darin könnten Keime und Bakterien halten, die dem Fleisch ebenfalls schaden. Besser ist es, ihn nur mit einer Küchenrolle sauber auszuwischen und erst zu Hause unter dem Wasserhahn zu reinigen.

Oben links: Der Fisch wird mit dem Schlagholz (Fischtöter) vor dem Töten betäubt.

Oben rechts: Der Augendrehreflex. Solange der Fisch außerhalb des Wasser die Augen schräg hält, ist er bei Bewusstsein. Sobald er richtig betäubt ist, stellt er sie gerade.

Mitte: Wer die Fische über gewisse Zeit lebend hältern will, verwendet einen weichmaschigen Setzkescher. Er muss flach im Wasser liegen und den Fischen ausreichend Freiraum gewähren. Achtung! An manchen Gewässern sind Setzkescher grundsätzlich verboten.

Hier werden Fische fachgerecht verwertet und lecker zubereitet.

Die am Rückgrat entlang laufende Niere muss sauber ausgeschabt werden.

Kiemenrundschnitt

Zwei Möglichkeiten den Fisch nach der Betäubung zu töten. Mit der Klinge hinten dem angehobenem Kiemendeckel an den Kiemen entlang bis hinunter zum Herz schneiden.

Der Herzstich

Zwischen Kiemen und Brustflossen genau ins Herz stechen.

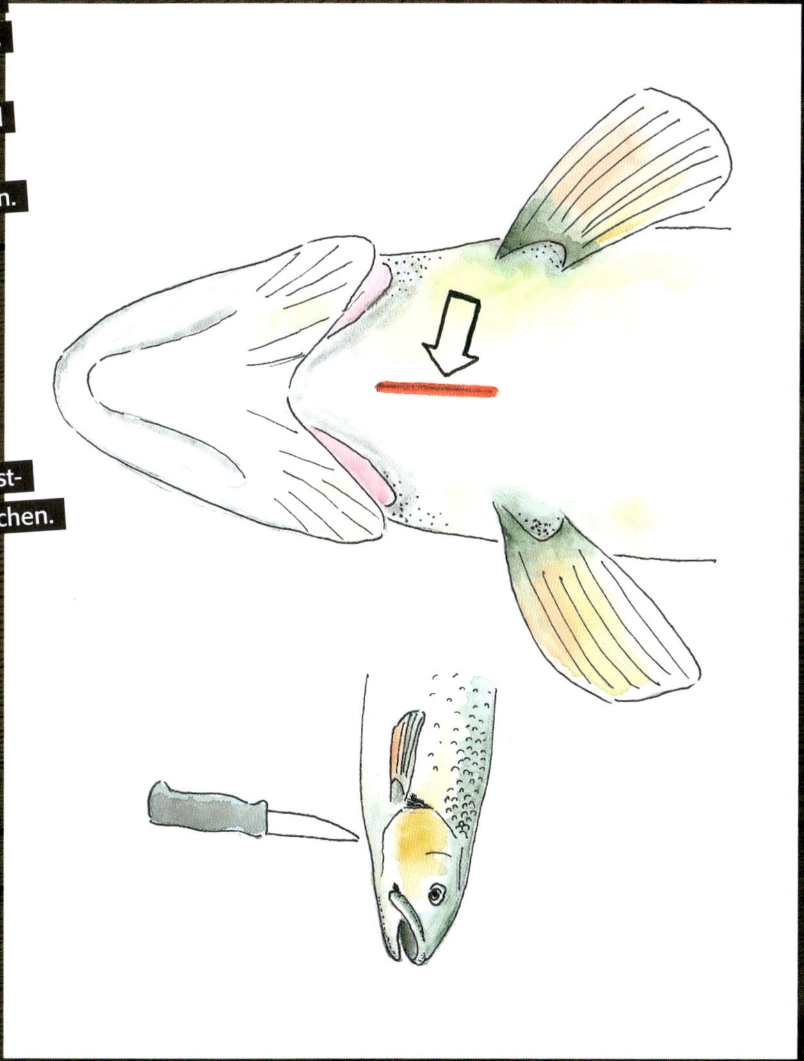

King Road

DU TRÄGST AUCH VERANTWORTUNG

Als Angler dürfen wir die Natur nicht nur benutzen. Es ist unsere Verpflichtung, die Gewässer, die uns so viel Vergnügen bereiten, zu schonen und zu erhalten. Mehr noch, unser Ziel sollte es sein sie zu verbessern. Die Natur hat die Fähigkeit sich immer wieder zu erneuern, und uns mit Freude zu beschenken. Aber dafür will sie auch sorgsam behandelt werden.
Auf keinen Fall dürfen wir ihr Schaden zufügen und als Umweltsünder auftreten.

DENK AN DEINE UMWELT

Denk immer daran, dass du nicht alleine am Wasser bist. Und vergiss nicht, dass du der Eindringling bist. Das Gewässer, der Uferbereich und die nähere Umgebung ist die Heimat und Wohnstatt vieler Tiere. So solltest du nicht direkt dort angeln, wo im Frühjahr Wasservögel ihr Nest am Boden oder der seltene, wunderschöne Eisvogel seine Bruthöhle in einer steilen Uferwand haben. Es können auch besondere Pflanzen vorkommen, die geschützt werden müssen. Und Schilfzonen sind nicht dazu da, dass man breite Wege durch sie hindurch schlägt, nur um unbedingt an einer vermeintlich besonders guten Stelle ans Wasser zu gelangen. Sofern ausgewiesene Wege und Pfade durch Wiesen und Felder den Weg zum Wasser vorgeben, solltest du diese nicht verlassen. Auch das Land direkt am Ufer gehört irgend jemanden. Du hast als Angler zwar in vielen Fällen das Recht es zu betreten, aber du musst anständig damit umgehen.

Unschöne Hinterlassenschaften von Müll und Abfall an den Gewässern gehen nicht immer nur auf Badegäste und andere Besucher zurück.
Es ist erschreckend wie viele Angler tatsächlich ihre Tagesabfälle am Ufer liegen lassen. Man findet Essensreste, Plastiktüten, leere Blechdosen, Bier- und Weinflaschen. Ein solches Verhalten ist absolut unverständlich. Es kann kein Problem sein, seinen Müll wieder mit nach Hause nehmen und in einem dafür vorgesehenen Abfallbehälter zu entsorgen. Bei den regelmäßig stattfindenden Gewässerreinigungsaktionen der Angelvereine werden sogar mitunter Kinderwägen, Fahrräder oder alte Kühlschränke aus dem Wasser gezogen. Es ist einfach unglaublich!

Merke!

Hinterlasse deinen Angelplatz immer in einem ordentlichen Zustand. Niemand soll sehen können, dass du hier gewesen bist.

Merke!

Als Angler dürfen wir nicht nur daran denken, Fische zu fangen, sondern haben auch die Verpflichtung das Gewässer und die Natur zu schützen.

Manchmal kommt es auch vor, dass wir Zeuge einer massiven Umweltverschmutzung werden. So können schädliche Einleitungen in das Gewässer zu Fischsterben führen. Wenn irgendwo in auffälliger Weise Fische mit dem Bauch nach oben treiben, solltest du sofort einen deiner erwachsenen Anglerfreunde oder die Polizei darauf aufmerksam machen.

Diese Regenbogenforelle hat sich offenbar schon vor längerer Zeit einen weggeworfenen Plastikring übergestreift. Er blieb am Körper hängen, während der Fisch weiterwuchs.

Bei diesem Gemeinschaftsangeln kam es zu einem besonderem Fang. Ein sehr gut erhaltenes Damenfahrrad der gehobenen Preisklasse hing plötzlich am Haken. Es konnte natürlich nur mit vereinten Kräften »gelandet« werden.

STICHWORTVERZEICHNIS

Halbfett gesetzte Seitenzahlen verweisen auf Hauptstichwörter.

Bibliografische Information der Deutschen Nationalbibliothek

Die Deutsche Nationalbibliothek verzeichnet diese Publikation in der Deutschen Nationalbibliografie; detaillierte bibliografische Daten sind im Internet über http://dnb.d-nb.de abrufbar.

2. Auflage
der Neuausgabe des Titels »So fängst du große Fische«

BLV Buchverlag GmbH & Co. KG
80636 München

Bildnachweis:
S. 44 unten: Gerhard Laible
S. 76 unten: Sebastian Ebert
S. 125 oben: Wolfgang Ebert
Gestaltungselemente:
Fisch: patrimonio designs/fotolia.com
Hintergrund: Andrea Haase/Shotshop.com
Alle übrigen Fotos und Illustrationen vom Verfasser.

Umschlagfotos:
Vorderseite: Florian Läufer
Rückseite: Hans Eiber

Lektorat: Gerhard Seilmeier
Herstellung: Ruth Bost
Layoutentwurf Innenteil: Kochan & Partner, München
Satz und Layout: griesbeckdesign, München

Gedruckt auf chlorfrei gebleichtem Papier

Printed in Italy
ISBN 978-3-8354-1697-0

www.facebook.com/blvVerlag